古代ギリシアの民主政

橋場 弦
Yuzuru Hashiba

岩波新書
1943

目次

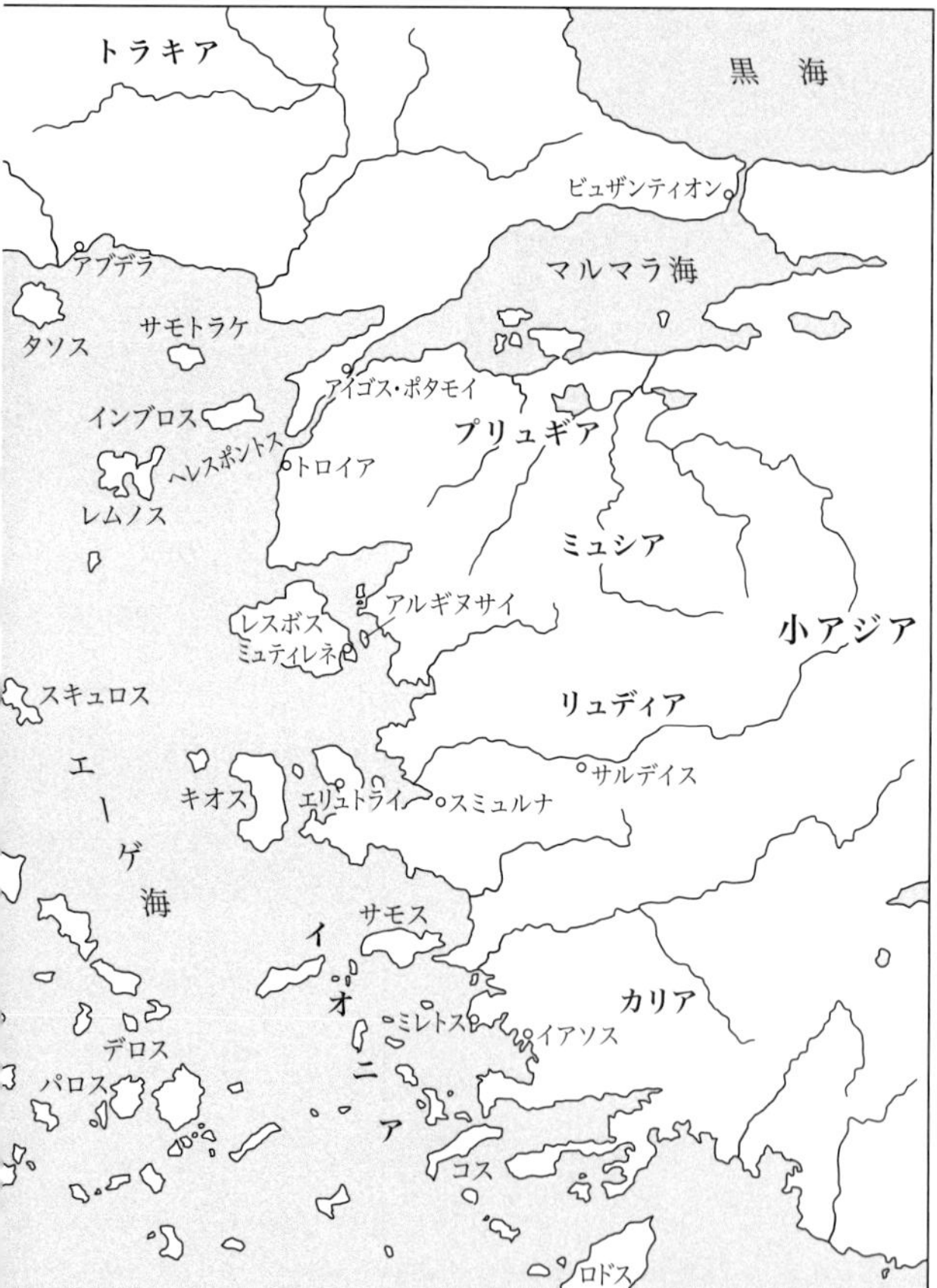

トラキア
黒　海
ビュザンティオン
アブデラ
マルマラ海
サモトラケ
タソス
アイゴス・ポタモイ
インブロス
プリュギア
ヘレスポントス
トロイア
レムノス
ミュシア
アルギヌサイ
レスボス
ミュティレネ
小アジア
スキュロス
リュディア
エーゲ海
サルデイス
キオス
エリュトライ
スミュルナ
サモス
イオニア
カリア
ミレトス
イアソス
デロス
パロス
コス
ロドス
地　中　海
クノッソス
クレタ
ドレロス
ゴルテュン
0
200 km

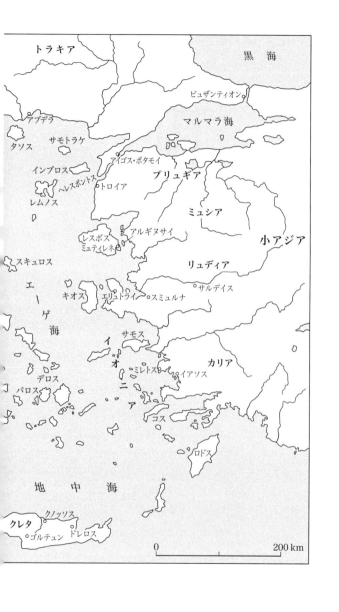

アドリア海
イリュリア
マケドニア
ペラ
アンピポリス
オリュンポス山
ポテイダイア
アトス山
テッサリア
ドドナ
コルキュラ
エペイロス
テルモピュライ
ポキス
カイロネイア
エウボイア
デルポイ
カルキス
ボイオティア
コリントス湾
レウクトラ
テバイ
プラタイア
アッティカ
マラトン
アカイア
メガラ
コリントス
アテナイ
サラミス
イオニア海
エリス
アルカディア
アルゴス
オリュンピア
ペロポネソス
アルゴリス
スニオン岬
カラウリア
イトメ山
メッセネ
メッセニア
スパルタ
ラコニア
タユゲトス山
メロス
ネアポリス
タラス
(タレントゥム)
トゥリオイ
テュレニア海
イオニア海
シチリア
レオンティノイ
シラクサ
0
100 km

ギリシア人の世界

ペラ
マケドニア
アンピポリス
アブデラ
タソス
サモトラケ
オリュンポス山
ポテイダイア
アトス山
インブロス
テッサリア
レムノス
スキュロス
テルモピュライ
ポキス
カイロネイア
エウボイア
デルポイ
カルキス
ボイオティア
コリントス湾
レウクトラ
テバイ
エーゲ海
アカイア
プラタイア
アッティカ
マラトン
メガラ
アテナイ
コリントス
サラミス
エリス
アルカディア
アルゴス
オリュンピア
ペロポネソス
スニオン岬
アルゴリス
カラウリア
イトメ山
メッセネ
デロス
メッセニア
スパルタ
パロス
ラコニア
タユゲトス山
メロス

ギリシア本土

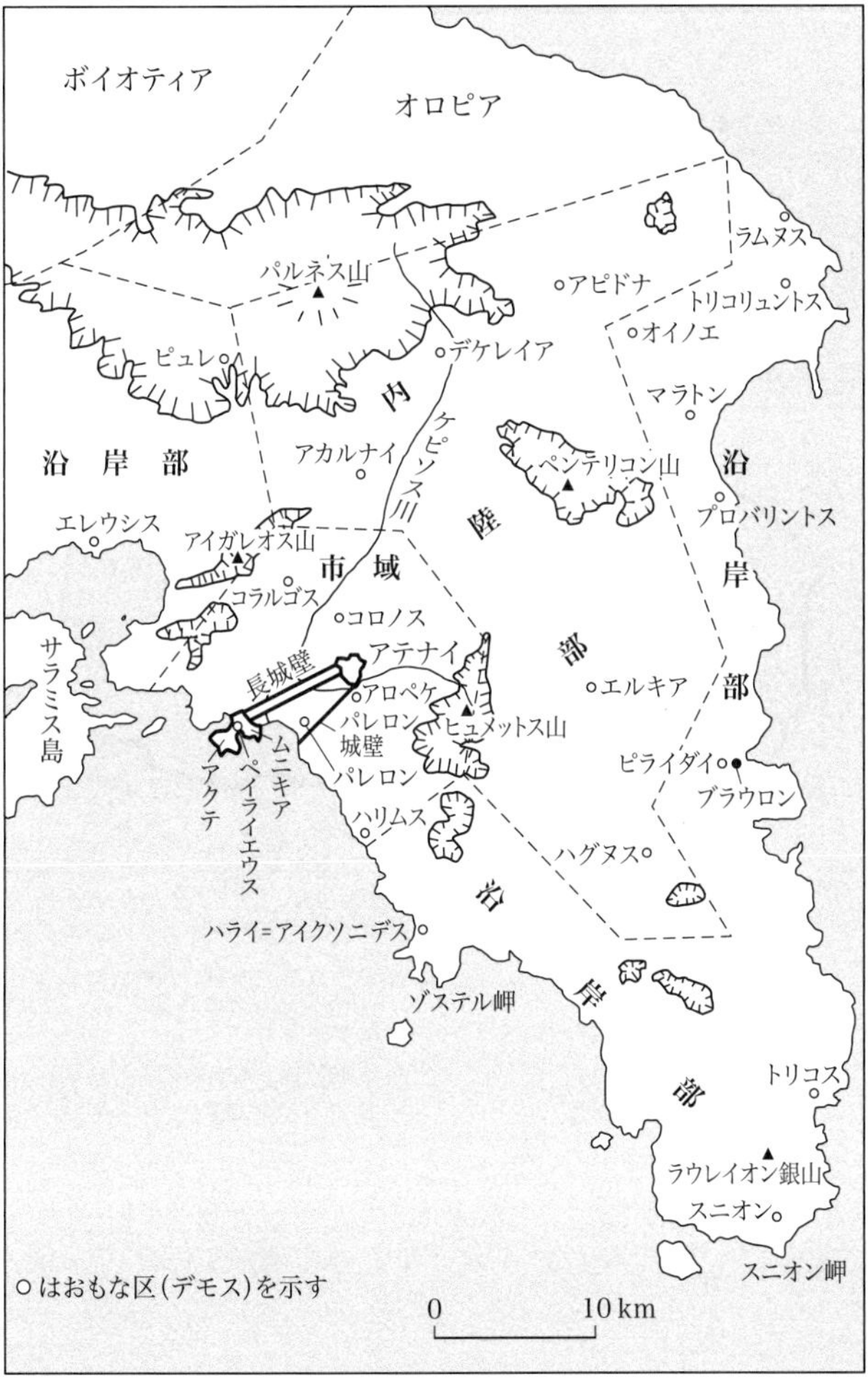
ボイオティア
オロピア
ラムヌス
パルネス山
アピドナ
トリコリュントス
オイノエ
ピュレ
デケレイア
マラトン
ケピソス川
沿岸部
アカルナイ
ペンテリコン山
プロバリントス
エレウシス
アイガレオス山
内陸部
市域
コラルゴス
コロノス
アテナイ
長城壁
アロペケ
エルキア
サラミス島
パレロン
城壁
ヒュメットス山
ムニキア
ペイライエウス
アクテ
パレロン
ピライダイ
ブラウロン
沿岸部
ハリムス
ハグヌス
ハライ=アイクソニデス
ゾステル岬
沿岸部
トリコス
ラウレイオン銀山
スニオン
スニオン岬
○はおもな区(デモス)を示す
0
10 km

アッティカ

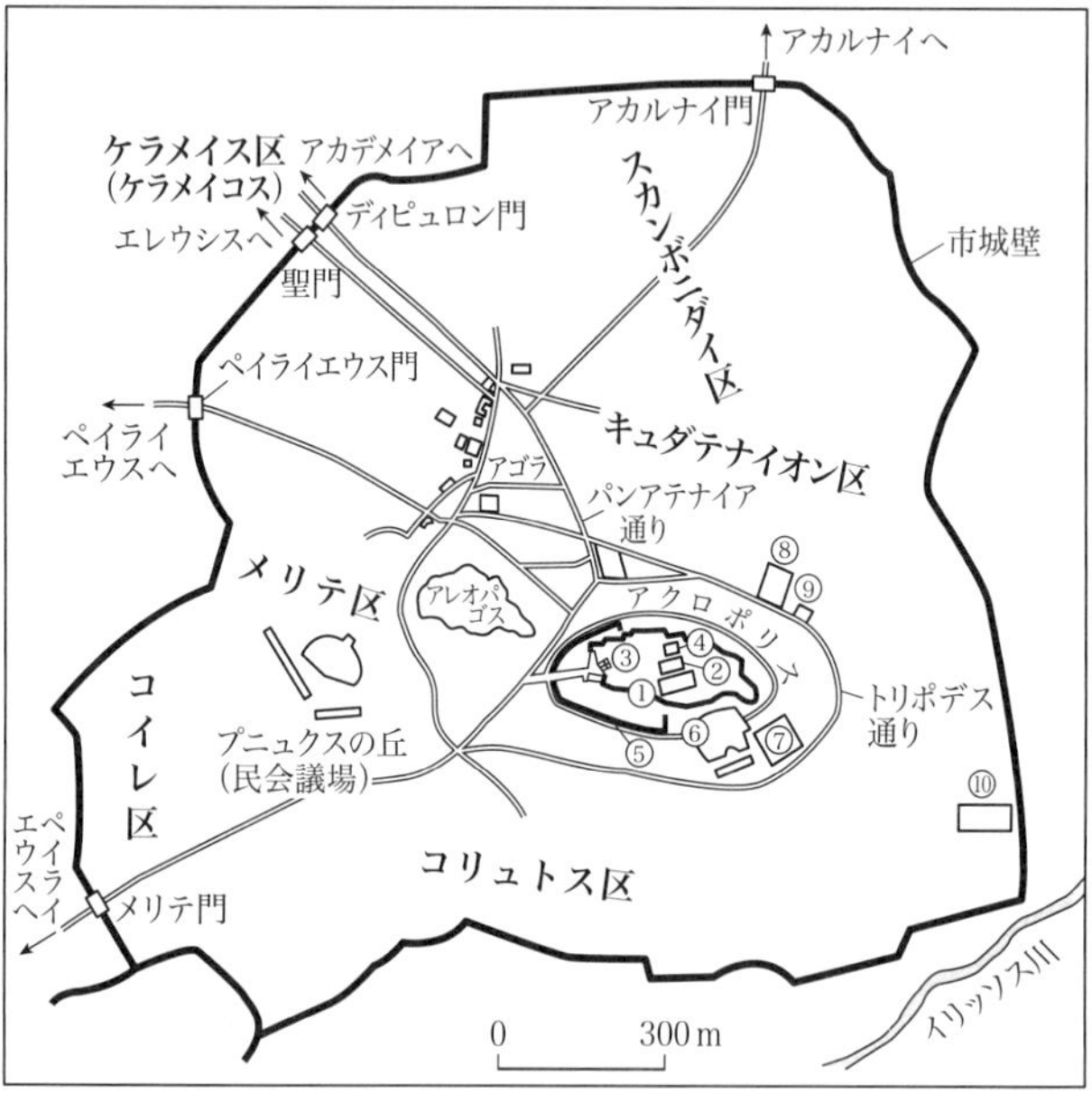

アテナイ市内

①パルテノン神殿
②アテナ古神殿
③プロピュライア(前門)
④エレクテイオン
⑤ペラルギコンの城壁
⑥ディオニュソス劇場
⑦ペリクレスの音楽堂
⑧テセイオン
⑨迎賓館(プリュタネイオン)
⑩オリュンピア・ゼウス神殿

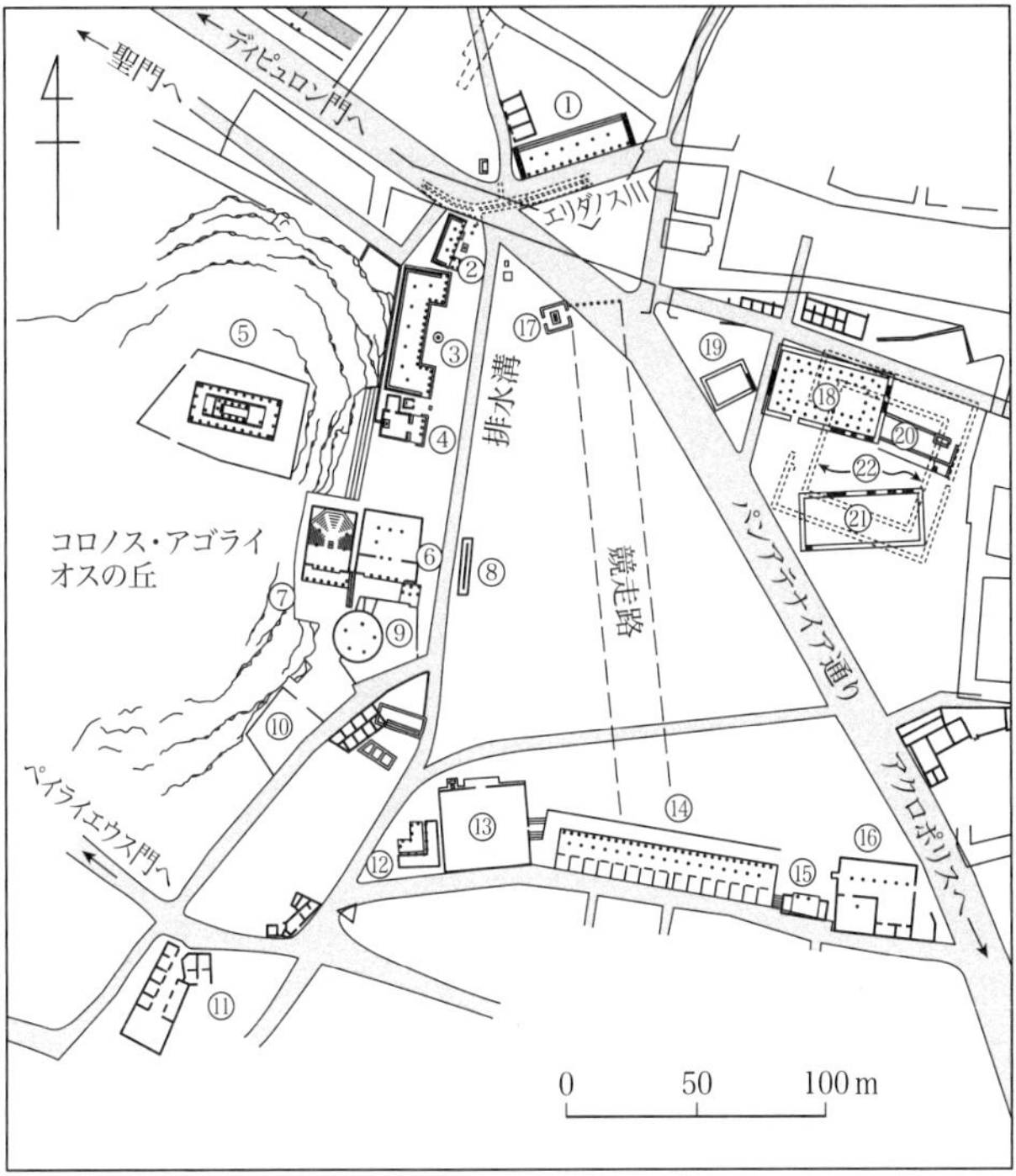

アゴラ（前4世紀なかばごろ）　(Boegehold 1995, fig. 2を一部改変)

①彩画列柱廊
②王の列柱廊
③ゼウス・エレウテリオス列柱廊
④父祖のアポロン神殿
⑤ヘパイストス神殿
⑥メトロイオン（公文書館・旧評議会議場）
⑦評議会議場
⑧部族名祖像
⑨円形堂（トロス）
⑩将軍詰所（推定）
⑪牢獄（推定）
⑫南西の泉
⑬矩形周壁
⑭南列柱廊Ⅰ
⑮南東の泉
⑯造幣所
⑰12神の祭壇
⑱～㉑民衆裁判所の法廷（建物ABCD）
㉒のちの方形回廊の位置（破線）

はじめに

演説するペリクレス．フィリップ・フォルツ画．

「生きるもの」としての民主政

順ぐりに支配し、支配されること。哲学者アリストテレスは、民主政をこのように表現した。古代ギリシア人は二五〇〇年もの昔に、民主政という政治のスタイルを発見した。その世界史的な意義は、はかり知れない。彼らは、成年男子市民全員に生まれや貧富を問わず一票ずつ投票権を与えるという、それまでの人類史にない政体を考え出した。そして国家の意思は全体集会の多数決で決め、任期一年の役人をくじ引きで選んだ。市民たちは支配者と被支配者の役目を、本当に順ぐりに務めたのである。史上まれに見るほど徹底した直接民主政が、こうして紀元前五世紀のなかば、都市国家アテナイ(アテネ)を典型として出現した。英語のデモクラシーが、「民衆(デモス)の権力(クラトス)」を意味するギリシア語デモクラティアに由来することを知る人も多いだろう。

さて、私たちもまた、民主主義の世の中に生きている。だが、自分たちが順ぐりに支配者の地位についているなどとは、夢にも思わないであろう。国政選挙で投票するときでさえ、いわゆる主権者としての自覚は薄い。

それは、私たちにとってのデモクラシーが、何より「民主主義」という理念だからである。

民主主義とは、まず憲法や政治理論として学校で「教わるもの」であり、毎日の生活に染みわたっているようなものではない。

それに対し、ギリシア人にとってのデモクラティアとは、理念である前に、すでにそこにある生活であった。それは「教わるもの」ではなく、「生きるもの」だったのである。

本書で私が試みたいのは、「生きるもの」であった古代民主政のありさまを、ギリシア人の歴史的経験のなかから掘りおこすことである。まずはその手がかりを、史上有名なある演説の一節に求めてみたい。

ペリクレスの葬送演説

前四三一年——。この年の夏、アテナイは宿敵スパルタとギリシア世界の覇権をかけた大戦争に突入した。ペロポネソス戦争(前四三一〜〇四年)である。

同年冬、開戦一年目の戦没者を埋葬する国葬の儀礼が、アテナイ市街の北西、市の城壁に面したケラメイコスの国立墓地で営まれた。式場となるディピュロン門の前には木製の桟敷が設けられ、おびただしい数の人びとが場内を埋めつくした。糸杉製の棺に納められ、馬車で運ばれてきた戦没者の遺骨は、やがて街道に面した墓所に埋葬された。

国葬では、識見名声にすぐれた一人の市民が追悼の演説を述べるしきたりであった。このとき登壇したのは、アテナイ民主政を絶頂期の繁栄に導き、今回の戦争を指導していた政治家ペリクレスであった。雄渾で格調高い彼の葬送演説は、民主政への賛辞として、世界史上もっとも著名な演説の一つと言われる。

まず彼は言う。「われらが従う国制は、他国の制度に追随するものではない。他人を模倣するどころか、われらこそ人の模範なのである。その国制は、一握りの人びとではなく、より多くの人びとによって統治されるがゆえに、その名を民主政(デモクラティア)と呼ぶ」(トゥキュディデス『戦史』二巻三七章)。

民主政とは多数者による支配であるという定義を、まず彼はここで示す。今日でも、民主主義とは多数決だと答える人は多いだろう。しかし、それがこの演説の主旨なのではない。今しばらく彼のことばに耳を傾けよう。

彼は続ける。民主政はたしかに多数支配だが、だからといって多数の専制や悪平等主義ではない。抽選で役人を選ぶからといって、有能な個人の能力が埋もれてしまうわけではない。たとえ卑賤の出であろうと、国家にとって有為な人士は重く用いられる。

われらアテナイ市民は、隣人の私生活に干渉せず自由な生活を送る一方で、法の定めを守り、公共の秩序を保つ。それにわが国は世界に開かれ、どのような情報でもあえて内外に公開する。敵に見られたら損をする、などとはゆめ考えぬ。秘密主義で軍国主義のスパルタよりも、自由にのびのび育ったわれらの方が、戦士としてはるかに勇敢ではないか――。

ペリクレスは、目指すべき理念として民主政を語っているわけではない。彼が描いてみせる民主政とは、敵国スパルタとの対比で多少美化してはいるものの、現に多くのアテナイ市民が従っている伝統的な生活様式である。

彼のことばは続く。われらは豊かでも貧しくても、みなが政治に参加することを誇りとする。政治に無関心で私生活に逃げ込む人間は、「役立たず」と見なす。そう述べた上でペリクレスは、民主政の精髄を次のように要約する。

われらの国家は、全体がギリシアの模範である。また個人も、われらにあっては同じ一人の市民が、人生の諸事万般にわたり品位を保ち、実にたくみに活動する万能の人格であることを示しているように思う。（同四一章）

順ぐりに支配者と被支配者を務めるためには、めいめいが自分の家業だけでなく、国事においても多くの役割を果たす万能自足の人でなければならない。われらはその模範を世界に示している。ペリクレスはそう言いたいのである。彼は民主政をたんなる多数支配ではなく、市民の生き方や育ち方、生活や文化として理解している。古代の民主政が、身体から引きはがすことのできない生活のスタイルであることを、これほどあざやかに表した演説はほかにない。

「衆愚政」というレッテル

古代ギリシアの民主政については、これまでステレオタイプ的な固定観念がいくつも信じられてきた。だがその多くは、近代に生み出された虚像である。

たとえば、古代の都市国家は小国で、全住民が集会に参加できたから直接民主政が可能であった、とよく言われる。だがもしそうなら、民主政のもっとも発達したアテナイが、成年男子市民だけで最盛期五〜六万人を数える例外的な超大国であったという事実を、どのように説明できるのだろうか。これほどの人数が一堂に会するなど、もとよりとうてい不可能である。

奴隷制の上に成り立つ古代民主政は民主主義の名に値しない、という主張もしばしば耳にする。だが奴隷に参政権がなかったのはどの都市国家でも同じことで、民主政だけの問題ではない。奴隷がモノ、すなわち動産として見なされるのは、古代地中海世界の通念であった。あたりまえのことだが、古代ギリシア人に基本的人権という発想はない。それを私たちの価値観の高みから一方的に断罪しては、古代民主政そのものの理解にはつながらない。

だがこうした固定観念のなかでも、ギリシア民主政を「衆愚政」とする考え方は、とりわけ根が深い。民主政とは無知で無定見な群衆による気まぐれな衆愚支配であるという思想は、近代ヨーロッパの知識階層を根強く支配してきた。それは今日の日本でも、世界史教科書などに色濃く影を落とす。

アテナイ民主政は、一般民衆が権力を握る支配だっただけに、一部のエリートから憎悪や反感を買った。そしてエリートたちは、民主政を手きびしく非難するテクストを書き残した。その系譜は、プラトンの『国家』や『法律』、アリストテレスの『政治学』のような哲学の古典として、体系的な政治理論の形で近代に受けつがれた。

一方、古代の民主政は、ふつうの市民たちが口頭による情報伝達で運営し受けついだ政体だったため、そのような理論をそもそも必要としなかった。民主政を擁護する立場からの政治評論は、ペリクレスの演説のように断片的なものがわずかに残るだけである。だから哲学者の著作を読むだけでは、古代民主政を実際に支えた人びとの声は聞こえてこない。

ギリシア民主政を衆愚支配とする固定観念が、どのように生まれ、後世に継承されたのかは、本書の重要なテーマの一つである。だがさしあたって指摘したいのは、「衆愚政」ということばが、もともと民主政を非難するためのレッテルであって、ものごとを客観的に記述するためのものではないことである。

もし民主政が愚かで堕落した体制であるならば、古代ギリシアの輝かしい文化的達成――息をのむほど写実的なパルテノン彫刻の美、人生についての深い思索と洞察につらぬかれた悲劇や喜劇、そしてプラトンの哲学そのもの――が、ほかならぬアテナイ民主政のもとで生み出されたという事実の重みを説明できるだろうか。

歴史学者が「衆愚政」という、価値判断の込められた語を用いてギリシア民主政を説明することは、今日まずありえない。衆愚政という政体が実在したわけではなく、愚かであろうとなかろうと、多数支配であれば民主政であることに変わりないからである。

虚像から歴史へ

このような固定観念を注意深く取り除き、「生きるもの」であった古代ギリシア民主政の姿をよみがえらせることが本書のねらいである。民主政はどのように生まれ、発展し、消え去ったか。どのようなしくみで動いていたのか。近年めざましい研究の成果も織り込みながら、それらのことを私は語ってゆこうと思う。その際、次の三つの点に気をつけて話を進めたい。

第一に、アテナイだけではなく、古代ギリシア世界全体を念頭におくこと。史料の制約から、本書でもアテナイ民主政についての叙述が大半を占めることは避けがたい。だがポリスと呼ばれる都市国家が常時一〇〇〇以上もあったギリシア世界で、アテナイだけがポリスではなく、またアテナイ以外にも民主政のポリスは多かった。アテナイをギリシア世界の代表と考える「アテナイ中心史観」が批判されてすでに久しい。本書では、アテナイの対外関係やアテナイ以外の民主政にも目配りしながら、意識して空間的な視野を広げてみたい。

第二に、時間的な視野も広げること。近年の研究の進展により、ポリスも民主政も、かつて信じられていたより、はるかに長く命脈を保っていたことが明らかになった。本書ではアルカイック期（前八～六世紀）と古典期（前五～四世紀）のみならず、ヘレニズム時代（前三～一世紀）やローマ時代（前一世紀以降）までも射程に入れて、民主政のたどった長い軌跡を追ってみたい。

そして最後に、二〇〇〇年以上も前に史上から姿を消したとされる民主政が、理念としてどのような形で近代に復活し、現代にいたったかも語ってみたい。古代の民主政が、どれほど今日のそれと異質なものであっても、私たちの生きる世界とどこかでつながっているものとして、語りたいからである。私はそれを、歴史の遠近法のなかに位置づけてみようと思う。

なお、本書ではデモクラティア（デモクラシー）の訳語として「民主政」の表記を用いた。「民主制」「民主主義」は、せまい意味での制度や理念と誤解される恐れがあるからである。ただし「民主主義」の語は、（とりわけ近代以降の）文脈に応じて用いることがある。

また「前五〇八／七年」のように記す場合があるのは、古代ギリシアの暦年が今日の七月から始まるため、西暦では二年にまたがるからである。さらに、既存の翻訳を引用する場合は訳者名を添え、巻末の「主要参考文献」に書誌を載せた。引用に際しては表記など一部変更することもある。それ以外の翻訳はすべて拙訳である。

第1章

民主政の誕生

アテナイの4ドラクマ銀貨．表(左)にはアテナ女神の横顔，裏(右)にはアテナイの国章フクロウが刻印される．前5世紀後半．

1　ポリスに善き秩序を

民主政はなぜ、どのようにしてギリシアの大地に生まれたのか。本章ではその成り立ちを追ってみたい。

神々や英雄たちが宇宙大のスケールでドラマをくり広げるギリシア神話の世界は、ミケーネ時代(前一六～一二世紀)の青銅器文明に起源がある。その文明が崩壊し、しばらく暗黒時代(初期鉄器時代)の混乱が続いたあと、ギリシア人がエーゲ海周辺にポリスという都市国家を建設したのは、前八世紀ごろのことであった。

都市国家の世界

「都市」であると同時に「国家」でもあるとは、どういうことか。これは最初から難題なのだが、ポリスが私たちの知る国家像から相当にかけ離れていたことはまちがいない。

まずそれは、想像以上にこぢんまりした「国家」である。標準的なポリスの領土面積は二五～一〇〇平方キロメートル、人口は三〇〇〇人ほど。面積だけなら東京の世田谷区くらいと思えばよい。いわば町村規模の都市国家が、エーゲ海を中心に、北は黒海沿岸、西は南イタリア・シチリア島、さらには南仏やイベリア半島にいたる地中海沿岸に、常時一〇〇〇ほど散らばっていた。

大河や大平野がなく、せまい土地が山々のあいだに散らばるギリシアには、もともと巨大な権力の育ちにくい風土があった。プラトンの表現を借りるなら、「ちょうど池の周りに蟻や蛙が住んでいるように」(『パイドン』一〇九B、納富信留訳、以下同)地中海周辺に散在するポリス諸国は、つねに小国分立して戦争状態にあり、政治的にはついに統一されることがなかった。ギリシア人は、たがいに争いながらそれぞれの小さな都市国家に平和と秩序を築きあげるという課題を、最初から負わされていたのである。

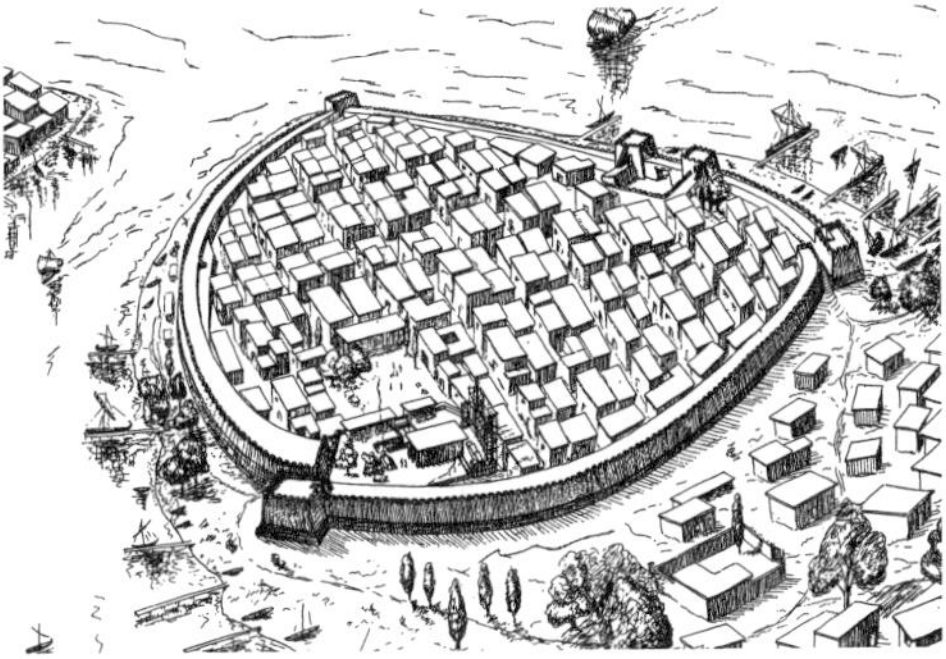

図1-1　小アジア沿岸のポリス，古スミュルナの想像図．前7世紀末．

ポリス市民

「都市」とはいっても、ポリスには市街地だけでなく、それを取り囲む田園部の農地があった。農民が主体の都市だったからで、そこが商工業者からなるヨーロッパ中世都市との大きなちがいである。ポリスの主役は、朝に城壁で囲まれた市街地を出て農地におもむき、奴隷の助けを借りながら一日耕作したあと、夕方には市内に帰宅する農耕市民であった。

年間降水量が日本の四分の一で、アルカリ分が多くやせた耕地は、羊や山羊の牧畜のほか、小麦よりは大麦、穀物よりはブドウやオリーブなどの栽培にむいていた。秋に種まきした麦を翌年の初夏に刈りとれば、次の播種まで一年以上農地を休ませねばならない。毎年収入を得るには、土地を二分して交互に耕す二圃制にするしかない。アテナイのように穀物を自給できず、黒海沿岸やエジプトからの輸入にたよるポリスは多かった。逆に豊富なワインやオリーブ油は、主要な輸出産品となった。

ポリス市民は基本的に農業を営む家政の長であり、また戦士でもある。だからポリスは家(オイコス)を単位とする家政共同体であり、また戦士共同体でもあった。個人を単位とする近代国家とは大きくことなる。

市民のなかには、比較的多くの土地財産に恵まれた貴族と、そうでない平民とがいた。だが、その身分差は隔絶したものではない。大多数の平民も自作農として生計を立てており、経済的に貴族に隷属していたわけではないからである。超越的権力者をもたないことが、ポリス国家の特徴であった。

貴族政からの出発

とはいえ、ポリスは最初から民主政だったわけではない。生まれたばかりのポリスは、貴族が参政権を独占する貴族政から始まるのである。

貴族とはエウパトリダイ、すなわち「善き父祖をもつ人びと」と呼ばれ、神々や英雄の血を引く(と称する)家柄のエリートである。生まれながらに特権を許された門閥貴族とも言える。貴族は高価で重い青銅製の武具を身につけて騎馬で戦場まで移動し、一対一で戦闘する主力戦士であった。血統と富、そして軍事力が、貴族の支配を正当化していた。

政治と裁判をつかさどる役人組織、それに助言する長老会は貴族に独占され、市民全員が集まる民会は無力であった。つまり貴族政とは、血統によって定義された出生エリートが多くの平民を支配する体制だった。

ギリシア最古の文学であるホメロスの叙事詩(前八世紀後半)には、支配者層としての貴族の自意識を、あからさまに物語る場面がある。トロイア戦争を題材にした『イリアス』第二歌では、民会でテルシテスという一人の平民が立ちあがり、遠征の中止を求めて大声でわめく。だがたちまち彼は、身のほど知らずの愚か者として、王侯の一人オデュッセウスに笏杖《しゃくじょう》でしたたかに打ちすえられる。そして「恐れをなして坐りこみ、痛みを堪《こら》えつつ途方にくれた面持で涙を拭う」(松平千秋訳、以下同)。しかも同席する他の平民たちは、同情するどころか、そのあわれな姿をあざけり笑うのである。

叙事詩のおもな聴き手はほかならぬ貴族だったから、ここには彼らが「かくあるべし」と思う社会像が映し出されている。笏杖とは発言権の象徴であり、それをもたぬ平民がたてつくなら、貴族から見れば打ちすえられて当然、嘲笑されてあたりまえなのだ。

ホメロスの叙事詩は、その後ながきにわたり、貴族の子弟が習い覚える必須の教養であった。「脚は蟹股《がにまた》で片脚は利かず、両肩は内に曲がって胸をすぼめ、歪《いびつ》な頭には薄毛が侘しく生えている」というテルシテスの野卑で醜怪なイメージは、のちにプラトンのような貴族の意識にゆがんだ民衆像を植え付けたことであろう。

権威か平等か

話が少し先走るが、これほど不平等な貴族政から、のちになぜ平等を目標にかかげる民主政が出現したのだろうか。これには学問上二つの意見が対立している。富と血統はギリシア人を支配する伝統的権威であり、民主政はそれをくつがえす革新だったとする立場と、平等主義こそギリシア人の伝統であり、それが進化発展して民主政に結実したとする立場である。

前者は、ギリシア民主政を自由主義の実現ととらえたイギリスの歴史家G・グロートの大著

『ギリシア史』(一八四六〜五六年)にさかのぼる。他方、後者の考え方は、未開社会の氏族制が民主政の起源であるとしてグロートを批判したL・H・モーガンの『古代社会』(一八七七年)に始まり、のちエンゲルスの『家族・私有財産・国家の起源』(一八八四年)をとおしてマルクス主義歴史学に影響を与えることになる。

だが、話をどちらか一方の原理に還元するのは誤りであろう。民主政ポリスは、のちの最盛期でさえ全体の三分の一にとどまり、残りは依然として寡頭政(貴族政)か僭主政(独裁政)であった。ギリシア人の世界で富と血統が権威を失うことはけっしてなく、むしろ権威と平等の相克の過程が民主政を生んでいったと考えるべきであろう。

ゆらぐ貴族政

だがその貴族政は、前七世紀に入るとはやくも動揺しはじめる。門閥貴族の支配に対する不満が噴出したのである。市民たちは党派に分かれて激しく対立するようになった。これを党争(スタシス)という。

その背景には、経済と政治の二重の不平等があった。まずこの時代に遠隔地交易がさかんになると、余剰農産物を輸出して豊かになる階層と、それができずに没落する階層とのあいだに経済的格差が拡大した。その一方で、豊かになった平民たちが武具を自弁して国防の主力を担

図1-2　槍をかまえた姿勢の重装歩兵．前500年ごろの青銅像．ベルリン国立博物館蔵．

うようになると、参政権を独占する貴族に不満をいだく事態になったのである。

　ことに前七世紀に入ってから、重装歩兵がしだいに戦力の中心になっていったことは、貴族政の動揺に拍車をかけた。青銅製のヘルメット・胸あて・すねあてと、枠に獣皮を張った丸盾で身をかためた重装歩兵が、経済的に実力をつけた平民のあいだにも徐々に広がってゆくと、戦場はもはや貴族の独壇場ではなくなった。交易の拡大で武具の材料である銅や錫が安く輸入されるようになったことも、この流れに勢いをつけた。弓矢や投石で戦う軽装歩兵として、戦陣に加わる平民も増えていった。重装歩兵のいわゆる密集戦術が完成するのは、かなり後のことであったが、ともかくポリスが戦士共同体である以上、存在感を高めていった平民戦士が貴族の政権独占に反感をいだくのは、当然のなりゆきだったのである。

成文法という処方箋

図 1-3　ドレロスの碑文(模写)．行ごとに右から左へ，左から右へと書く牛耕式．国制法を刻んだギリシア語碑文としては最古のもの．

党争は、たんなる政争から暴力的暗闘、さらには本格的内乱へと発展することもあり、背後には財産や相続をめぐる私的な紛争もひそんでいた。神々のほかには超越的権威がなく、上から事を収める力が働かぬポリス内でひとたび市民たちが対立すると、抗争には歯止めがきかなくなる。せまい社会だけに先祖代々の近親憎悪も加わって、復讐の応酬が際限なく続く党争は、ポリス社会の宿痾《しゅくあ》とも言うべき病理であった。これを克服できぬポリスは戦力が低下し、たちまち諸国間の軍事競争に敗れて滅び去る。だからどのポリスも「善き秩序(エウノミア)」の回復をスローガンに、対処法を必死に模索したのである。

　そこでまず試された処方箋は、成文法の制定であった。裁判権を握る貴族は、慣習法を自分に都合よく解釈して不条理な判決を下すことが多かった。そこで法を誰にでもアクセスできるよう成文化し、体制への不満をやわらげて秩序を回復しようとしたのである。

　最初の成文法は、エーゲ海南端の大きな島クレタで多く制定された。国制の法を記した現存最古のギリシア語碑文は、クレタ東部の小さなポリス、ドレロスで前六五〇年ごろ建立されたものである。コスモス(治安維持官)

と呼ばれる要職について、同一人物が一〇年以内に再任されることをきびしく禁じている(メイグスとルイス編『ギリシア歴史碑文精選』二)。一人の貴族が再任をくり返して権力を独占する弊害に、平民層が異議を申し立てた結果らしい。

ほかにクレタの法碑文としては、名高い「ゴルテュンの法典」がある。奇跡的にほとんど完全な状態で発見されたことから「碑文の女王」と称され、現地の博物館のほか、一部はパリのルーブル美術館でも見られる。こちらは全編が、財産や家族に関する民法の条文である。前六世紀以前からの古い法を編纂して、前五世紀なかばに再刻したものらしい。裁判官の主観や思わくを排除し、条文の厳格な解釈によって紛争を解決しようという、徹底した成文法主義につらぬかれている。

ではクレタの諸ポリスが、まっさきに民主政に突き進んだのかといえば、事実はその逆であった。皮肉なことにクレタ諸国は、きわめて古めかしい貴族政の姿を、はるか後世まで温存したのである。アリストテレス『政治学』(二巻一〇章)は、のち前四世紀末でもクレタの役人が依然特定の門閥から選ばれ、民会は長老会と役人の決定を追認するにすぎないと記している。

つまり、成文法によって「善き秩序」の回復にある程度成功したクレタ諸国は、それゆえに国制の進化をやめ、いわば化石化してしまった。民主政の発展が、図式的な進歩史観では説明できないことのよい例である。

スパルタ

同じことは、特異な軍国主義と「スパルタ教育」で有名な大国スパルタにもあてはまる。前八世紀末までに西の隣国メッセニアを征服したスパルタは、被征服民をヘイロタイという農奴身分に落として支配したが、その後支配体制が動揺し、深刻な社会危機を迎えた。しかしその克服によって前六世紀なかばまでには「善き秩序」の回復に成功し、以後アルカイック期唯一の覇権大国として、しばしば他国の紛争に軍事介入するまでになった。

スパルタの国制を最初に定めたのは、「大レトラ」と呼ばれる前七世紀後半の制定法である。国制は二人の王、三〇人で構成する長老会、および民会からなり、長老会が提出した議案を民会が採決した。のち前六世紀には民会で選挙された五人のエポロイ(監督官)が加わり、王を監督し裁くなど強大な権限をふるった。

スパルタは王政か、貴族政か、はたまた民主政か。論争は古代から現代にもちこされる。かつて日本の戦後歴史学でもスパルタを一種の民主政とする見方が主流となり、民会に採決権を認めた「大レトラ」は「主権在民を表明した世界最古の文章である」(岩田拓郎)とも言われた。

しかし、イギリスの史家P・カートリッジが言うように、スパルタはあらゆる点で民主政の要件を満たさない。たとえば民主政の重要な特徴は、役人の抽選制と短い任期であるが、スパルタの役職は選挙か（長老会とエポロイ）、世襲か（王）のいずれかである。長老会メンバーは少数の門閥貴族に限られ、しかも任期は終身であった。

さらにスパルタ民会の選挙や採決は、一人一票の原則ではなく、賛否いずれにせよ、会衆全員の叫び声の大きさで判定するという、なんとも原始的で古めかしいやり方であった。アリストテレスはこの方法を「子どもじみている」とけなしている（『政治学』二巻九章、神崎繁ほか訳）。その上、長老会は自分たちにとって都合が悪くなると、民会を解散したり決議をくつがえしたりした。

こうして見るとスパルタの政体は、途中で進化をやめた古風な貴族政という色彩が強い。役人や門閥の権限がきわめて大きく、それを制限するしくみが働いていなかった。戦後歴史学は、土地の再分配を断行し社会的平等を達成したとして、スパルタを民主政と評価した。だが近年、その論拠は次々にくつがえされている。土地の再分配など現実には一度も実行されず、貴族と平民との不平等はけっして消えなかった。スパルタの国制は、重装歩兵層をある程度取り込むことに成功した改良型の貴族政であり、いったん社会の安定を見ると、クレタ同様、古い姿のまま凝固して変化を受け付けなくなったのである。

「初期民主政」をめぐって

ではあらためて、最初の民主政はどこから生まれたのか。前七〜六世紀における成文法制定と国制改革は、ほかにもいくつかのポリスで見うけられる。そこで一九九〇年代には、「初期民主政」と呼びうる政体が、アテナイにさきがけてすでに他国で実現していたという学説が現れた。小アジア沿岸イオニア地方の大きな島を領有し、貿易で富み栄えたキオスがその代表例とされる。

一九〇七年にこの島で発見され、前五七五〜五〇年ごろのものと推定される一枚の碑文には、「民衆の掟」とか「民衆の評議会に訴えるべし」など、「民衆」を意味するデモスという語が切れぎれに読みとれる。「各部族五〇人から選ばれた民衆の評議会が招集され」ともあり、「民会が招集されたときに」と訳せる文言もある（メイグスとルイス編『ギリシア歴史碑文精選』八）。民衆の政治参加が実現したかのようにも思わせる史料である。アテナイで民主政が生まれる半世紀も前のことである。

しかしながら現在、この「初期民主政」学説には、否定的な意見の学者が多い。「民主政」の定義があまりにも漠然としているからである。スパルタについて述べたことと一部重なるが、ここではあらためて民主政成立の要件として、（1）参政権が広範囲の自由人に平等に与えられていること、（2）一人一票の原則、（3）民会が最高意思決定機関であること、（4）役人の抽選制、そして（5）裁判権が市民団に与えられていること、をあげたい。

その上でキオスなどを見ると、民会がどの程度国家の意思決定にかかわるか、参政権をもつ市民たちはどの程度の範囲か、などのことは一切わからない。要するに、アテナイ以前に民主政を実現したと証明できるポリスは、やはり見つからないのである。

「善き秩序」の回復というスローガンが目指したのは、貴族政を改良して党争を収拾することであり、他の体制におき替えることではなかった。民主政が実現するには、旧来の体制を根本的にひっくり返すような変革が必要である。その舞台が、次節に見るアテナイであった。

2 アテナイ革命

広い領土、大きな人口

アテナイは、なぜ他国にさきがけて民主政に手が届いたのだろうか。この問題は、その広大な領土と深い関係がある。

アテナイの国土は、ギリシア本土中部からエーゲ海に突き出たアッティカ半島のほぼ全域を占める(巻頭地図「アッティカ」)。標準的なポリスの領域が二五〜一〇〇平方キロメートルであるのに対し、アテナイの領土は実に二五五〇平方キロメートルにおよぶ。ふつうのポリスが町や村のサイズであるのに対し、神奈川県全域にも相当する、けたちがいに広い面積である。

中心市アテナイから国土を望めば、東にヒュメットス、西にアイガレオス、北にペンテリコンの各山地がよこたわり、天然の要害となっていた。それらに囲まれた平原をケピソス川がつらぬき流れ、また半島東岸には南北に広く平野がのびる。長い海岸線は良港に富み、遠く島づたいに交易船を各地に送り出した。

ミケーネ文明の宮殿が暴力的な破壊をまぬがれたアッティカ地方は、よそのように大規模な住民移動などの激動を経験しなかった。そして前八世紀以降、中心市アテナイから周辺の無住地に人口が拡大した結果、広い領土が自然に形成されたらしい。ともかく図体のきわめて大きな都市国家アテナイは、前九～八世紀にゆっくりと姿を現していった。当然住民もきわだって多い。アテナイは、全ギリシア諸国中おそらく最大の人口を擁していた。

特異な軍国主義によって多くの被征服民を支配できたスパルタとはちがって、アテナイにはそのような抑圧機構がなかった。だから、都市国家にしては例外的に広い領土と多くの住民をいかに統合するかという難題に、当初からつきまとわれていたのである。

王政から貴族政へ

さてアテナイ最古の国制については、前四世紀末に書かれた『アテナイ人の国制』という史料をたよりに、おぼつかぬ推測を始めるしかない。一九世紀末に偶然パピルス写本がほぼ完全な形で発見され、大英博物館が公刊して以来、必須の第一級史料とされてきた。前半は国制の太古からの変遷を、後半は前四世紀末の民主政の現状を活写する。作者は古来アリストテレスと伝えられるが、今日では本人でなく、弟子の誰かであろうとする説が有力である。

『アテナイ人の国制』によれば、ミケーネ時代の世襲王政は、王家が貴族層に吸収される形でしだいに消滅し、代わって他国と同様、門閥貴族が要職を独占する貴族政が始まったという。もっとも重要な役職は、アルコン(執政官)、バシレウス(祭祀官)、ポレマルコス(軍司令官)の三役で、当初終身だった任期はのち一〇年となった。王政を廃止したのは、コドロス王家の子孫がぜいたくな生活におぼれ、「軟弱になった」からだと伝える。いくさの先頭に立てなくなったということだ。

やがて三役の任期は一年になる。伝承では前六八三年のことで、以後「誰それがアルコンの年」というように、アルコンの名前で暦年を記憶した。のち六人のテスモテタイ(司法官)も加わり、これら九人を広義のアルコンという。他方、執政官のアルコンは「紀年のアルコン」とも呼ばれる。九人のアルコンは、さまざまな裁判権も一身に引きうけた。その上、退任したあとは、長老会であるアレオパゴス評議会の終身議員となった。彼らは現職アルコンに助言するなど、元老として国政の中枢を占めた。

ソロンの改革

しかしアテナイの貴族政は、これまた他国同様、前七世紀なかばから党争が激化する。やはり経済と政治の二重の不平等が原因である。領地の拡大で収益を上げる貴族がいる一方、みずからの身体を借財の抵当に入れ、債務奴隷に転落する貧困層も増大した。それは国家の戦力低下に直結し、西の隣国メガラとの戦いでアテナイを苦境におとし入れた。他方で社会的に実力をつけた平民層は、応分の参政権を要求して門閥貴族の支配に不平を鳴らしたのである。前七世紀末のアテナイは、国家解体の危機に瀕していた。

そこで採用された処方箋は、ここでも成文法の制定であった。前五九四／三年のアルコンに選ばれ、党争を調停して危機を回避するために一年間、立法の全権を委ねられたのは、ギリシア七賢人の一人として名高く、対メガラ戦争の指揮でも功績のあったソロンであった。彼自身はコドロス王家の血筋を引くともいう門閥貴族であるが、彼の使命はどちらか一方の党派の利害に偏らず、調停者として「善き秩序」を取りもどすことであった。

まずソロンは、過去の一切の負債を元利とも帳消しにするという、思いきった経済改革を断行し、貧困層を借財から解放した。これを「重荷下ろし（セイサクテイア）」という。背負った重い荷をふるい落とす、という意味である。そして借財の抵当に市民の身体を取ることを、以後永久に禁止した。今後アテナイ市民はどれほど借財を負っても、身体の自由を奪われなくなったのである。市民権には財産資格を一切問わないという、のちのアテナイ民主政の主要な特徴の一つは、この債務奴隷禁止に起源をもつと言える。

富裕エリートの登場

ついでソロンは、市民を農業収入に応じて四等級に分けた。最上級を「五〇〇石級」といい、所有地から年に五〇〇単位以上生産できる者をいう。一単位とは穀物などの乾量で約五二リットル、オリーブ油やワインなどの液量では約三九リットルを指す。この「五〇〇石級」は、上位わずか数パーセントの超富裕層である。以下同様に「騎士級」は三〇〇単位以上、「重装歩兵級」は二〇〇単位以上、そして「労務者級」はそれ未満を、それぞれ生産する者と定義された。

その上で、役人を職務に応じて各等級から選挙で選ぶこととした。たとえば財政の最高官職である「アテナ女神の財務官」は五〇〇石級から、九人のアルコンは上位二等級から、それ以外の下級役人は重装歩兵級から選挙することにしたのである。最下級の労務者級には、民会の出席権だけが与えられた。

この改革の意義は大きい。従来の出生エリートに代わり、富裕エリートが支配者層と定義されたからである。経済力と参政権とのアンバランスは、これである程度解消された。門閥貴族による政権独占は、ここに終わりを告げた。

さらに、役人の判決に不服な者が民会に上訴できるようにしたのも見逃せない。労務者級として民会への出席を認められた下層市民は多数を占め、もはや無視できぬ存在となった。

改革の限界

ソロンは、それぞれの市民があたかも一つの身体の手足であるかのように、たがいに痛みを分かちあう社会を理想としたという（プルタルコス『ソロン伝』一八章）。社会的弱者を排除せず、公共性をよみがえらせて市民団を分断の危機から救ったソロンの政治思想は、グローバル化が進む二一世紀に入ってますます研究者の熱い視線を浴びている。

だが、当時のアテナイ人の反応はちがっていた。どちらの党派もソロンの調停策には不満だった。既得権益を失ったり、「重荷下ろし」で債権を奪われたりして、改革に憎悪をつのらせる貴族がいる一方、土地の再分配を期待して裏切られ、失望する下層市民もいたからである。

つまりソロン自身は、調停者として「善き秩序」の回復に努めたまでであった。ソロンの国制は、エリートを再定義したことによる貴族政の改良版にすぎず、少数支配であることに変わりはなかった。民主政は、まだはるかに遠い。

気の毒なことに、身を挺して改革に尽力したソロンは、どの党派からも憎しみを買った。そこで彼は「一〇年はもどらないと言い残し、商用と見物をかねてエジプトに旅立った」という(『アテナイ人の国制』一一章)。ソロンの立法は、アテナイ市民団を解体の危機からかろうじて救いはしたが、貴族政の動揺は収まるどころか、むしろ激しさを増していった。

アナーキー

その後アテナイの党争は、旧門閥貴族に新興貴族を加えたエリートどうしの権力闘争という様相を呈するようになった。要職のポスト数は変わらないのに、候補者の数は改革で一挙に増えたからである。何にでも「名誉(ティメ)」をかけて競争することに血まなこになるのがギリシア人の文化だったから、貴族の権力争いはなおさら熾烈の度を加えた。

前五九〇/八九年には、貴族らが激しく争いあった末、ついにアルコンを選出できないという前代未聞の不祥事を起こす始末で、同じことは四年後にもあった。この政府の首なし状態を「アルコン不在」、すなわちアナルキアという。英語アナーキーの語源である。

こうした権力闘争は、各地に割拠する貴族の勢力争いでもあった。たとえばアッティカ東岸部の肥沃で広大な領域には、ペイシストラトスの一族が勢力を張り、またアテナイ市街から東南の沿岸にかけては、のちにペリクレスを生むアルクメオン家などの家門が支配を広げていた。

それでは貴族の在地支配とは、どのようなものか。貴族政の支配構造は、複数のピラミッドにたとえられる。頂点に貴族の親玉がいて中小農民を支配する大小のピラミッドが、広い国土の各地にいくつも並び立っていたのである。

ピラミッドによる支配には、いくつかの側面があった。まず社会的支配。アテナイ人は古くから四つの部族(ピュレ)に分かれていた。これは市民団の最大単位で軍団組織であり、共通の祖先というフィクションにもとづく擬制的血縁集団である。同様の集団にはもう一つ、プラトリアという中規模のものが三〇ほどあり、各市民の出生・結婚・養子縁組といった関係を認定する役割を果たした。これら社会集団のトップに立つことによって、貴族は人びとを人身的支配の鎖につないだのである。

図 1-4　ブラウロン，アルテミス神殿跡．

次に宗教的な支配。貴族の家門は各地の神域の祭祀権を独占し、地元の氏子たちを宗教面で支配した。アッティカ東海岸に今も美しいアルテミス神殿を残す神域ブラウロンは、ペイシストラトス家の本拠地であった。

最後に経済的な支配。かつて貴族はある種の隷属農民を耕作に使役していたらしい。だがソロンの経済改革によって、すでにこの支配は弱体化していた。その結果、勢力を弱めた一部の貴族は、ますます政権にしがみつき、権力闘争にのめりこんだあげく、アナーキーをもたらしたのである。

僭主政

混乱を収束させるため、次に選ばれた処方箋は僭主政であった。権力闘争に勝ち残ろうと、貴族の一人が民衆の支持を背景に政権を奪取して樹立した独裁政のことである。他国では、すでに前七世紀後半から出現していた。

アテナイで僭主政の実現に成功したのは、ペイシストラトスであった。彼は外国の王族の流れをくむ門閥貴族であり、メガラとの戦争で勝利を収めると、民衆の絶大な支持を得て親衛隊を設け、前五六一年に僭主(独裁者)の座についた。その後、政敵アルクメオン家との争いで二度亡命したが、前五四六年には独裁政権を確立し、政争はやんだ。

ペイシストラトスの治世は、善政で平穏であったと伝えられる。親衛隊という暴力装置で反対派を抑えこんだためでもあるが、支持母体である中小農民の保護育成に力を入れたことが大きい。国の守護神アテナ女神の誕生日を盛大に祝うパンアテナイア祭を拡大し、また演劇祭として有名な大ディオニュシア祭を創始したのも彼の功績と伝わる。

しかし、僭主が最優先の目標としたのは、あくまで自分と一族の権力の維持であった。従来の貴族政の枠組みには手をつけず、その意味で僭主政もまた改良型の貴族政であった。

ペイシストラトスが老齢で死ぬと、長子ヒッピアスがその位をついだ。しかし前五一四年盛夏の大パンアテナイア祭当日、同性愛の痴情のもつれがもとで、右腕とたのむ弟ヒッパルコスが反対派に暗殺されると、彼は復讐と猜疑の念にかられて文字どおり暴君となり、僭主政は恐怖政治と化した。ヒッピアスの暴政は、その後ながくアテナイ人の心にトラウマとなって残る。やがて前五一〇年、反対派のアルクメオン家がスパルタ王クレオメネス一世の軍事援助を得てヒッピアスとその一族の追放に成功し、僭主政は崩壊した。

民衆蜂起

アテナイが一挙に民主政に到達したのは、その次の段階である。

僭主は追放されたものの、政局はふたたび混迷した。アルクメオン家のクレイステネスと、僭主一族と親しかったイサゴラスという二人の貴族が、主導権をめぐってするどく対立したのである。一方スパルタは、僭主の首をすげ替えてアテナイに傀儡政権を実現しようともくろんだ。だがもっとも大きな存在感を示していたのは、それまでに確実に実力をたくわえてきた中下層市民、すなわち「民衆（デモス）」であった。

前五〇八／七年度のアルコン選挙に勝利したのは、イサゴラスであった。劣勢に立ったクレイステネスは民衆に助力を求め、政権を民衆に大幅に委譲するという、思い切った国制改革案を民会に示して支持を取り付けた。あわてたイサゴラスは、スパルタ王クレオメネスにすがり、再度の軍事介入を要請する。意を受けた王は、今度はクレイステネスとアルクメオン家にアテナイ退去の要求を突き付けた。

やむなくクレイステネスは亡命し、クレオメネス王は少数の軍勢をひきいてアテナイ市内に到着、イサゴラスを支配者の地位につけた。親スパルタ独裁政権が、ここに樹立するかのように見えた。

だが、これに激しく抵抗したのは、かつて僭主の恐怖政治に辛酸をなめた民衆であった。彼らが大挙して市内に集まったことに脅威を感じたクレオメネス王とイサゴラスは、聖域アクロポリスに立て籠もる。これを見た民衆は武装蜂起し、アクロポリスを二日間にわたって包囲、攻撃した。貴族に蔑視されてきた民衆が、はじめて自分の意志で立ちあがったのである。

わずかな手勢しかもたぬクレオメネス王は籠城を諦め、三日目に停戦に応じて、イサゴラスとともにアテナイを逃げ出した。大国スパルタの王には痛恨の屈辱である。民衆はクレイステネスを帰国させ、指導者の座にすえた。前五〇七年のことである。

この変革を、民衆が自発的に起こした「アテナイ革命」と評価する学者もいる。貴族の指導なしに民衆がどれだけ主導性を発揮できたか、やや疑問は残るが、ここで権力の重心が貴族から民衆へと一気に移ったことはまちがいない。

クレイステネスの改革

指導者となったクレイステネスは、国制の大改革を実行に移した。大小のピラミッドによる貴族の支配が、たえざる党争の原因であると洞察したクレイステネスは、その支配構造そのものを解体することを目指した。そして出自や貧富に関係なく、全市民が平等に参政権にあずかること、すなわち「イソノミア(法の平等)」を改革スローガンにかかげた。エウノミア(善き秩序)が既存の体制の改良であったのに対し、イソノミアは新しい体制の構築を意味した。

クレイステネスが第一に手をつけたのは、人と人との結びつき、つまり社会的結合のあり方を変えることであった。それが部族制改革である。彼はまず、貴族の社会的支配を支えていた旧来の四部族制を廃止した。そして市民団を、まったく新しい原理で一〇部族に再編成した。それは、すべての市民が日々生きて働く身近な社会のあり方を変革することであり、「生きるもの」としての国制が生まれかわることを意味したのである。

新しい部族制の組織は、下から区・トリッテュス・部族の三層構造を取る。まずアッティカ各地に古くから自然に形成された集落を、市民団の末端組織としてあらたに位置づけ、これを区（デモス）と名づけた。区は全土に一三九を数え、たいていは村落や小さな町、あるいは街区である（巻頭地図「アッティカ」）。

改革の時点で各区に代々居住していると認められたすべての自由人は——つまり外国人や奴隷ではなく、その村や町の正式な住民と認められた人は——ここであらためてアテナイ市民であると認定された。以後その地位は、男系をとおして子孫に継承された。つまり区民として認められれば、自動的に市民としての身分、すなわち市民権を得ることになったのである。

これ以後アテナイ人は、区に所属することで直接に国家の一員、つまり市民となったから、地元の貴族の権威に服することなく国政に参加できるようになった。中間権力だったピラミッドによる人身支配の鎖は、まずここで断ち切られたのである。

大多数の区はいくつかの農場からなる村落で、あちこちに二〜三軒ずつ家が建ち並び、それぞれが濃い血縁をもつ家族であった。こうした地域社会に対する人びとの帰属心は、当然のことながら非常に強い。それを国家への帰属意識に直結させたのは、クレイステネスの卓越した政治感覚であった。

細断される貴族の地盤

ついでクレイステネスは、全土を沿岸部・内陸部・市域の三地域に大きく分け、さらにそれぞれを、人口がほぼ均等になるよう一〇の組織に分けた。これがトリッテュスで、いくつかの区を集めた中間的な組織である。その上でクレイステネスは、沿岸部・内陸部・市域の三地域からトリッテュスを一つずつ抽選で選び出し、それら三つを集めて一つの部族とした（図1‐5）。

トリッテュスは貴族の弱体化を目的に、かなり人為的に編成された。たとえば北東沿岸部にあるマラトン・オイノエ・トリコリュントス・プロバリントスの四つの区は、古くはテトラポリス（四町連合）と呼ばれるほど強いまとまりを成し、ペイシストラトス家の影響下にあったらしい。だが改革の結果、プロバリントスだけが切り離されて別のトリッテュスに編入され、四区の政治的結合は弱められた。他方、残り三区はもともと縁の薄かった北隣のラムヌス区などとあわせて、同一部族に編入された（図1‐6）。

こうして新しく編成された一〇部族は、以後それぞれ市民戦士の軍団となるとともに、役人などの選出母体ともなり、また共同の祭祀や独自の自治組織をも備えた市民団の最大下部組織となった。新部族には、アッティカの神話上の王や英雄が、始祖として割りあてられた。これを部族名祖といい、たとえば第一部族はエレクテウス王にちなんでエレクテイス部族と呼ぶ。

かくて貴族の人身支配の鎖は、あちこちで寸断された。たとえばペイシストラトス家の地盤であった東部の広大な領域は、改革の結果、三部族八トリッテュスに細断されてしまった（図

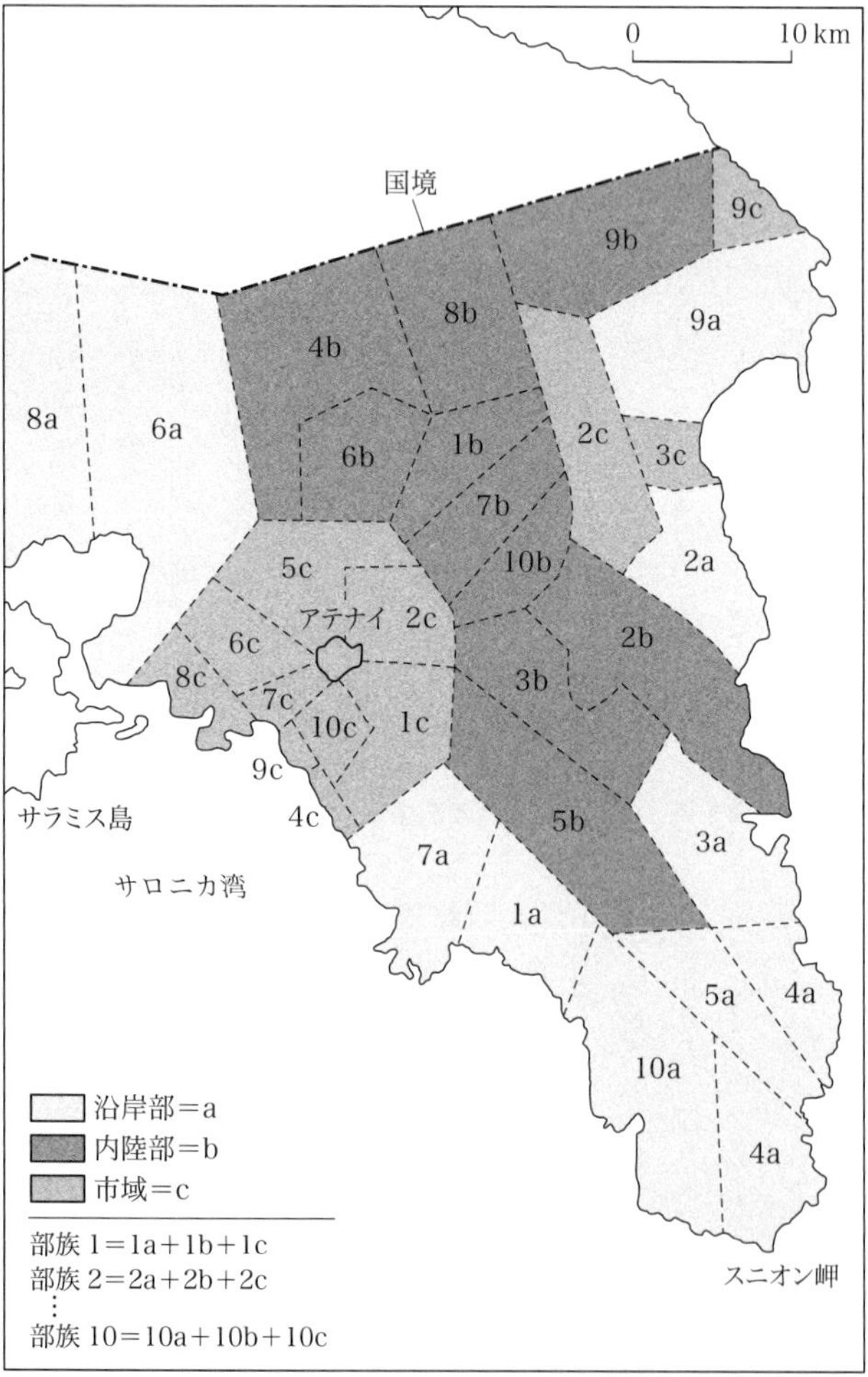

図 1-5　クレイステネスの 10 部族制度.

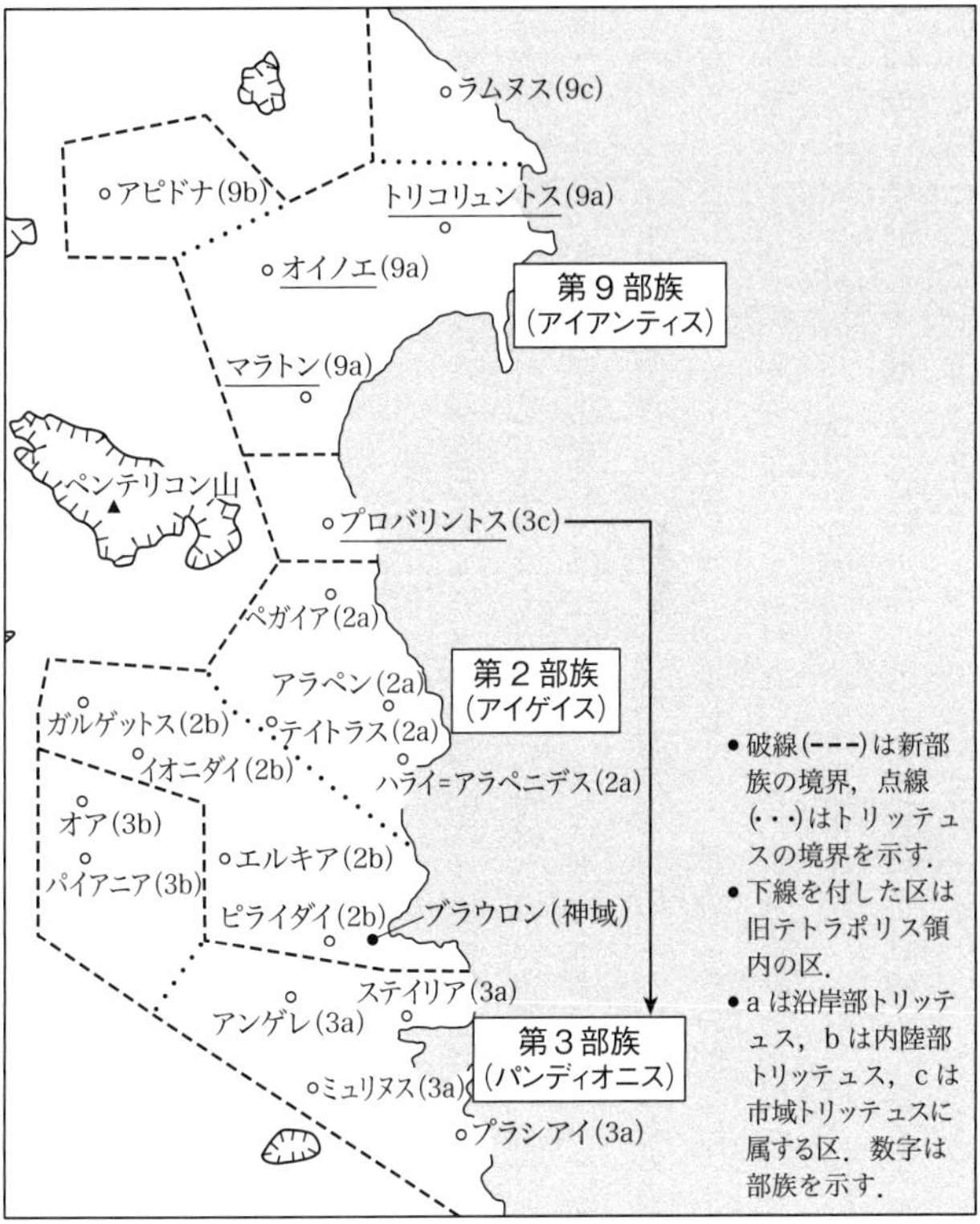
ラムヌス(9c)
アピドナ(9b)
トリコリュントス(9a)
オイノエ(9a)
第9部族
(アイアンティス)
マラトン(9a)
ペンテリコン山
プロバリントス(3c)
ペガイア(2a)
第2部族
(アイゲイス)
アラペン(2a)
ガルゲットス(2b)
テイトラス(2a)
イオニダイ(2b)
ハライ=アラペニデス(2a)
オア(3b)
エルキア(2b)
パイアニア(3b)
ピライダイ(2b)
ブラウロン(神域)
ステイリア(3a)
アンゲレ(3a)
第3部族
(パンディオニス)
ミュリヌス(3a)
プラシアイ(3a)
• 破線(---)は新部族の境界，点線(･･･)はトリッテュスの境界を示す．
• 下線を付した区は旧テトラポリス領内の区．
• aは沿岸部トリッテュス，bは内陸部トリッテュス，cは市域トリッテュスに属する区．数字は部族を示す．

図 1-6　アッティカ北東沿岸部における部族再編．

1-6)。同家の本拠地であったブラウロンは、区としてさえ認定されず、代わりに近くのピライダイという村落が区とされた。これも同家の影響力を排除するためである。

もちろん、貴族はすべての特権を剝奪されたわけではない。プラトリアや世襲の神官職は存続が認められたし、ソロンのような経済改革は一切行われなかったから、貴族の宗教的な権威や家産はおおむね無傷であった。しかし政治的には、彼らが失った権力は大きかった。

「想像の共同体」

部族制改革の意義は、きわめて大きい。新部族は血縁集団でも地縁集団でもなく、観念のなかだけでイメージされる、まったく人工的に編成された組織である。だから出身地域や貧富貴賤など、それまで政治社会で人びとを差別していた属性は、ほとんど意味を失った。

『アテナイ人の国制』(二一章)は、部族制改革の目的が「市民たちを混合すること」にあったと言う。トランプのカードをシャッフルして一〇等分するのにも似て、各部族にはさまざまな属性をもつ人びとが平等に割りふられた。これからは貴族と平民が、都市の職人と山間地の農民が、五〇〇石級の超富裕者と労務者級の下層市民が、ともに同じ軍団で肩を並べて戦い、また同僚の役人として働くことになる。他人の氏素性を詮索したがる人をたしなめて「部族の区別をせぬように」と言うようになったのは、このときからだという。

改革によって貴族のピラミッドはいっきに輪郭がうすれ、代わって緊密に組織された新しい市民団が出現した。クレイステネスの部族制改革は、「アテナイ人」というアイデンティティーをすべての市民に植え付け、アテナイを一つの新しい国家に統合することに成功したのである。アメリカの史家G・アンダーソンはこれを、(著名な政治学者ベネディクト・アンダーソンにならって)人びとの意識が生み出した「想像の共同体」と呼んでいる。

これだけ大きな社会改革が、わずか一年やそこらで劇的な成功を収めたのは、実に不思議なことである。あえて理由を考えるならば、まずクレイステネスが貴族の経済的な特権に手をつけなかったのは正解であった。おそらくソロンの轍を踏まぬための配慮である。だが何より、彼自身が私欲や保身に走らなかったことが成功の最大の要因だろう。アルクメオン家も改革で政敵と同じ打撃をこうむったはずだから、彼が同族の安泰より国家統合を優先したことは疑えず、その点かつての僭主一族と決定的にちがっていた。

ただし、名門貴族クレイステネスは、べつに民衆の幸福を願って改革を実行したわけではない。彼の真のねらいは、アテナイを統合し、スパルタにひけをとらぬ強国にすることであった。

民主政の誕生

第二にクレイステネスは、新部族制にもとづいて国制のデザインを一新した。民会は正式に国家の意思決定機関となり、国の重要な政策や法規を決議する役割を与えられた。また民会の議事を準備する議事運営委員会として、あらたに五〇〇人評議会を創設した。

軍制も変わった。かつての四部族軍団は、事実上貴族が抱える私兵の集合体にすぎず、国家の正規軍とは言いがたかった。だがクレイステネスが創った一〇の部族軍は、国家に直属した。前五〇一年からは部族軍の指揮官として、あらたに将軍(ストラテゴイ)一〇人が任命され、これは各部族から有能な人物一名を民会が選挙で選んだ。アッティカ全土の住民たちは、ひとたび将軍たちから動員令が下されると、村々からアテナイ市内へと続く街道を、武装してひたすら急いだのである。

ほかにもクレイステネスは、改革関連の法を多く立法した。そのなかには陶片追放(オストラキスモス)の法もふくまれていたが、史上有名なこの制度は、次章であらためて取りあげることにしよう(第2章4)。

こうしてアテナイの国制は、すっかり面目をあらためた。参政権は全市民に平等に分配され、民会は一人一票の多数決で国家の意思を決定するようになった。もちろん、これで貴族は政治エリートとしての地位を失ったわけではない。だが民衆は、もはやエリートに盲従するのではなく、その政策を吟味し、承認を与え、ときには制裁を加える存在となるのである。

改革スローガンであるイソノミアは、新しい体制そのものを意味することばにもなった。デモクラティアという語が使われるのはまだ先のことだが、事実上のアテナイ民主政誕生である。それは非エリートに決定権を委ねるという、他国に類例のない体制の出現であった。

ただ、もう一つ不思議なのは、後世のアテナイ人がクレイステネスの功績をほとんど忘れ去ってしまったことである。クレイステネスという人名が「名声(クレオス)の力(ステノス)」を字義とするにもかかわらず、皮肉なことに、改革後彼の名は歴史の表面からふっつりと姿を消す。生没年がいつかもわからない。自分個人に権力が集中するのを避けるため、みずからの名声すら意図的に消し去り、イソノミアの体制だけを残したとすれば、彼の深謀遠慮はまさに望みどおり実現したことになる。

民主政の勝利

ともあれ、民主政はそれまで眠っていたアテナイ市民団の潜在力を、最大限に引き出した。改革の成功は、はやくもその翌年に証明される。

さきに傀儡政権樹立に失敗し、アテナイを逐われたスパルタ王クレオメネスは、その屈辱を晴らす復讐をくわだてた。そしてイソノミアという、耳にしたこともない奇体なアテナイの体制を潰そうと、前五〇六年、スパルタを盟主とするペロポネソス同盟軍をひきいて、西方からアッティカに侵攻したのである。相呼応して北方からはテバイの軍勢が、また海峡をへだてた東からはエウボイア島のカルキスが侵入し、国境に接した村や町を破壊略奪しはじめた。アテナイ民主政は生まれ落ちたとたん、三境から同時に攻め込まれるという、過酷な試練に見舞われたのである。

だが結果は、予想を裏切って民主政の圧勝だった。アテナイの新部族軍はテバイ軍とカルキス軍を後回しにし、まずスパルタ軍に総力をあげて対峙した。ところがいざ戦いを交える段になると、スパルタの有力な同盟軍であるコリントス軍が、この戦いには正義がないと主張して陣を引きあげた。もう一人のスパルタ王デマラトスも、クレオメネスと対立して撤退し、結局スパルタ遠征軍は空中分解してしまった。クレオメネスの復讐という個人的動機には、大義名分がなかったのである。

アテナイ軍は時をおかずテバイ軍を襲撃して大勝、さらに余勢を駆って海峡をわたり、カルキス軍を破って領土を奪い植民地とした。民主政にみなぎるエネルギーは、敵を撃退するにとどまらず、さらに領土を広げるところまで突き進んだのである。両軍の捕虜多数は、身代金を払うまで足かせをかけてアテナイ市内に監禁した。この足かせは、戦勝記念物としてアクロポリスにかかげられ、のちに歴史家ヘロドトスも目にしたという。敵失も大きかったとはいえ、決戦兵力を分散させず敵の主力に振りむけたアテナイ民会の判断は、機敏かつ賢明であった。

この勝利について、ヘロドトスは印象深い解釈を述べている。かつて僭主政下のアテナイ人は、いつも戦争に負けていた。それは独裁者のため戦わされることに、士気が上がらなかったせいである。だが民主政になると、市民一人一人が、自分と家族のためすすんで手柄を上げようと勇敢に戦った。だからアテナイは、群を抜いた一等国になったのだ、と(『歴史』五巻七八章)。上からの強制ではなく、自分自身で決定し実行することが、何にも代えがたく尊い価値であることを、アテナイ人はこの勝利を通じてかみしめたのである。

それまで広い国土に中間権力が散らばり、つねに隣国との戦争で劣勢におかれていたアテナイは、民主政になると相貌を一変させて強国となった。アテナイ人は、民主政というすぐれた統合の様式に、ようやく手が届いたのである。

3 「フクロウの帝国」と民主政の成長

マラトンの戦い

誕生したアテナイ民主政はその後、前五世紀初頭にペルシア戦争というさらに大きな試練にさらされた。西アジア的な垂直型の権力構造と中央集権組織をそなえたアケメネス朝ペルシアは、参政権の平等をかかげるアテナイから見れば、対極に位置する大帝国である。小アジアのイオニア諸都市の対ペルシア反乱を皮切りに、ギリシア諸国とペルシアとのあいだに起こったこの大戦争で、アテナイは数度にわたって決戦に臨み、勝利した。その過程で、民主政の筋肉はさらに鍛えあげられてゆくのである。

前四九〇年夏、ペルシア遠征軍がアッティカ東岸のマラトンに上陸したとき、これを手引きしたのは、祖国での復権を夢見たかつての僭主ヒッピアスであった。そこはもともと旧僭主一族の地盤であったから、支持者たちの内応を期待したのである。

民会の開戦決議に従って、マラトンにペルシア軍を迎え撃ったアテナイの重装歩兵九〇〇〇名は、当時動員できる中産市民のほぼすべてであった。このとき将軍ミルティアデスのすぐれた指揮の下、結果として撃退に成功したことは、民主政を僭主の手から守ったという輝かしい自信を市民たちに与えた。

旧僭主一族の縁者がペルシアへの内通の嫌疑をかけられて、つぎつぎに陶片追放されるようになるのはこの直後からである。ペルシア戦争は、政治イデオロギーの上では民主政を旧僭主勢力から守る戦いでもあった。

その後、民主政はさらに前進した。前四八七年には九人のアルコンの選任方法が、選挙から抽選に変わる。これでアルコンは権限を低下させ、代わって選挙で選ばれる将軍が指導者として重きを成すようになった。貴族はまだ政治の主導権を握っていたが、最終的に国の意思を決定したのは民会であった。

名門ピライオス家の当主でマラトンの英雄であった将軍ミルティアデスが、目的地や戦略について民会に一切説明せず、軍船七〇隻をひきいてキュクラデス諸島の富裕な島パロスを攻略しに出かけたのは、前四八九年のことであった。だが、作戦は完全な失敗に終わった。帰国後、彼は民会で裁判にかけられ、あやうく死刑になるところを、情状酌量で高額な罰金を科されるにとどまったが、支払えず獄死した。民衆がエリートを裁く時代の到来を告げる事件であった。

サラミスの勝利

ペルシア戦争が次の段階に入ると、民主政を担う市民層に変化が起こる。

前四八三年、アッティカ南東部ラウレイオン銀山のマロネイアで大鉱脈が発見された。そこで生まれた巨大な国富の使途をめぐり国論は沸騰したが、結局海軍建設に投ずべしと主張した将軍テミストクレスの意見が民会に支持され、三段櫂船一〇〇隻が建造された。時代の先を読む能力にたけた彼は、来たるべきペルシアとの再度の決戦が、制海権をめぐって行われると予見したのである。ここにアテナイは、ギリシア随一の海軍をそなえることになった。

三段櫂船とは、全長約三七メートル、両舷に上下三段の漕ぎ手の座席が設けられた、高速と高度の運動性能をほこる当時最新鋭の軍船である(図1-7および第3章扉)。一隻につき一七〇名、一〇〇隻なら一万七〇〇〇名という多数の漕ぎ手を必要としたが、彼らの大半は貧困な下

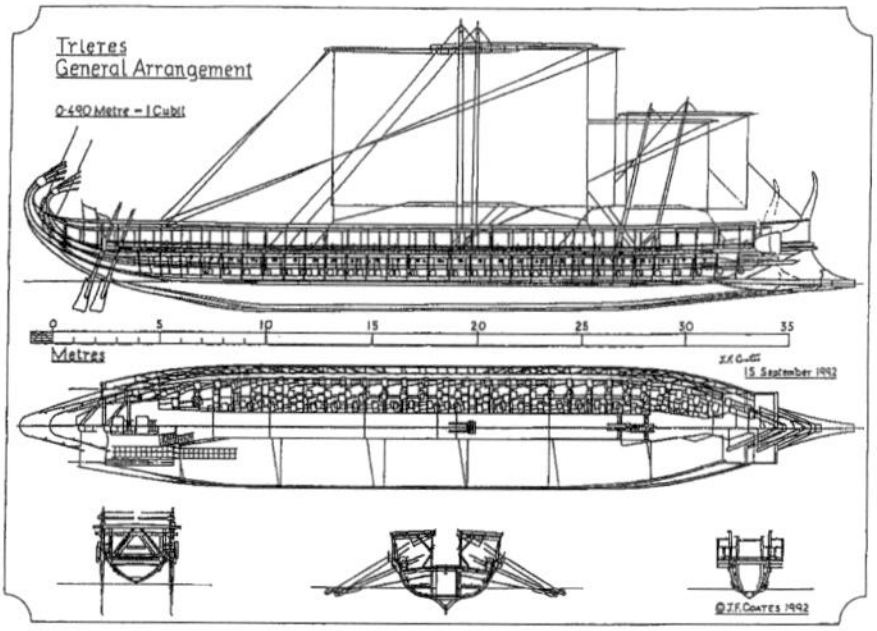

図 1-7　三段櫂船復元図(J. F. Coates による).

層市民から募られた。高価な武具を買えなくても身体一つあれば軍船を漕げたし、何より漕ぎ手には日当が支給されたからである。漕ぎ手がいっせいにオールを動かすと、軍船はすさまじい勢いで突進し、舳《へ》先《さき》につけた青銅製の衝角で敵船に体当たりして沈没させた。

前四八〇年夏、ペルシア王クセルクセスは、前回をはるかに上回る規模の大遠征軍をみずからひきいて、陸海からギリシアの地に押しよせた。アテナイ人はテミストクレスの動議に従い、アクロポリスにわずかな守備隊を残すほかは、国土を放棄してサラミス島に逃れ、背水の陣をしいた。老幼婦女子は同盟国に避難させる一方、成年男子をことごとく軍船一八〇隻に乗り組ませ、他のギリシア同盟諸国とともに海上での決戦に挑んだ。かつて遺恨をふくんだスパルタとも、このたびは戦列をともにした。

そしてサラミス島と本土のあいだのせまい水道に敵の大艦隊をおびき寄せ、各個撃破で壊滅させるという、世界の軍事史上まれにみる大勝利を収めたのである。サラミスの海戦である。

翌年のプラタイアの陸戦でもギリシア連合軍は勝利し、ペルシア軍を本土からほぼ撃退することに成功した。

デロス同盟

アテナイは第一等の海軍国として、全ギリシア世界に威名をとどろかせた。軍船の漕ぎ手である下層市民は、国防の主力として存在感を高め、民会において侮れぬ多数勢力となっていった。

前四七八年、再度のペルシア来寇にそなえ、エーゲ海周辺諸国はデロス同盟を結成し、アテナイを盟主の座にすえた。今なおアケメネス朝支配下にあるギリシア人の解放と、先の侵入でペルシア軍にこうむった破壊略奪への復讐が目的である。一部の同盟国は軍船を同盟に提供したが、大半は同盟貢租金を納めることでそれに代えた。同盟国は最盛期で二〇〇を超え、その勢力圏はエーゲ海周辺から北のマルマラ海をへてビュザンティオン（現イスタンブル）、また西方のイオニア海沿岸にまでおよんだ。

アテナイは同盟軍の指揮権と同盟資金の管理権を握っていたから、当初から強力な主導権を同盟諸国におよぼす立場にあった。同盟は小アジア沿岸のギリシア諸国を次々にアケメネス朝の支配から解放し、盟主アテナイの国際的威信はさらに高まった。同時にアテナイは、エーゲ海周辺に自国の領土も増やしていった。民主政は、アテナイの海上覇権拡大と軌を一にして成長してゆく。

エピアルテスの改革

民衆の自信は深まり、その力は民主政を一気に次の高みへと引きあげた。

アルコン経歴者が終身メンバーとなるアレオパゴス評議会は、保守的な貴族派の牙城であり、前四六〇年代でもなお「法の番人」を自称して、隠然たる影響力を保っていた。軍神アレスが殺人の罪で裁かれたという丘、アレオパゴスで開かれるこの評議会は、古き権威のシンボルである。民主政の進展を望む民主派にとっては、のどに刺さったトゲであり、放置できない存在であった。

前四六二年、大地震の発生とヘイロタイの蜂起により前々年から大混乱に陥っていたスパルタが、恥も外聞もはばからず、アテナイに救援を要請してきた。これに応じて、ミルティアデスの子であり、貴族派の首領で親スパルタ派の将軍キモンは、ただちに重装歩兵四〇〇〇人をひきいてスパルタにむかった。そのすきをねらった民主派の指導者エピアルテスは、当時三〇代前半のペリクレスとともに、貴族派の足元をすくう一大政変をくわだてた。

二人はアレオパゴス評議員の多くを告発して排除したのち、民会にはかってアレオパゴス評議会から政治的実権をことごとく剝奪し、民会と五〇〇人評議会、そしてこのとき民会から独立した民衆裁判所に分け与えた。中産・富裕市民層が重装歩兵として出征していた最中で、下層市民が民会の相対多数を占めたことも、民主派に好機を提供した。この政変をエピアルテスの改革という。

こうして民会・五〇〇人評議会・民衆裁判所が、あらゆる面で実権を握った。これら三機関については次章でくわしく語る(第2章1〜3)。アレオパゴス評議会は、殺人裁判権などわずかな権限を残して政治的には無力化された。国制から貴族政的要素は消え去り、ここにアテナイ民主政の骨格が完成した。イソノミアに代わり、デモクラティアという新しいことばも、このころ誕生する。

まもなく遠征から帰国したキモンが目にしたものは、古き貴族政の残影が一掃され、様変わりした故国であった。彼は改革に抵抗したが、逆に陶片追放の憂き目に遭い、指導者の座を去った。エピアルテスはまもなく反対派に暗殺され、代わって若きペリクレスが次世代の民主派指導者として頭角を現し、アテナイは新時代に入るのである。

ペリクレスの時代

ペリクレスの父はクサンティッポスといい、ペルシア戦争で活躍した将軍であった。母アガ

図 1-8　ペリクレスの肖像．大英博物館蔵．

リステは改革者クレイステネスの姪であった。つまりペリクレスは母方を通じて、アルクメオン家の血と民衆指導者の資質を受けついでいた。貴族でありながら民衆の価値観に歩み寄り、民衆との連帯を誇示し、また賄賂をけっして取らなかった点で、彼はこれまでのどの政治家ともちがっていた。弁論の才にも秀でた彼は、民衆に自分のことばで語りかけた最初の指導者であった。民衆から絶大な信頼を得た彼が国を指導した前四五〇〜三〇年代は、アテナイが超大国の地位に駆けあがるとともに、民主政の諸制度がさらに充実していった時代である。

前四五七年からはソロンの法の制約が外され、九人のアルコンは重装歩兵級からも抽選できるようになった。アルコンは一般市民からも選ばれるようになり、もはやエリート職ではなくなった。

これに対し、さらに地位を高めたのが将軍である。一〇人の将軍は民会での選挙で選ばれ、任期一年だが再選に制限はない。家柄や名声のみならず識見や能力を評価されて選ばれたから、国家の政策全般を委ねるに足る役職と見なされた。事実、前五世紀をとおして著名な政治家は、ペルシア戦争を指導したミルティアデス、テミストクレス、クサンティッポス、その次の世代であるキモン、エピアルテスなど、ほとんどが将軍職についていた。ペリクレス自身も前四五〇年代からふたたび将軍に選ばれ、前四四三／二年以降は連続一五年当選を果たしている。

図1-9　今も多くの観光客が訪れるパルテノン神殿.

富の再分配

ペリクレスの第一の政策目標は、下層市民に国富を分配して政治参加をうながすシステムを作りあげることであった。その手段として、たとえば公共事業がある。前四四七年から一五年の歳月をかけ、ペルシア戦争の勝利を記念して、パルテノン神殿など壮麗な記念物が、巨額の国費を投じてアクロポリス上に次々と建造された。これは、民主政が神々に祝福されていることとを内外にアピールする宗教・文化政策であるとともに、下層市民たちに巨大な雇用を生み出す経済政策でもあった。

政治参加に日当を支払う制度も、ペリクレスの発案である。民主政が軌道に乗るためには、下層市民が休業して政治に参加するための経済的補償が必要である。彼が民衆裁判所裁判員の日当制を導入したのは、前四六〇〜五〇年ごろらしい。金額は当初銀貨二オボロス、のち三オボロスに引きあげられた。

M・M・マークルの精緻な実証研究によれば、当時二オボロス半あれば、主食のひき割り大麦に副食物と調味料を加えた親子四人一日分の食費をまかなえたという。熟練建設作業員の日当が一ドラクマ(=六オボロス)であったから、仕事を半日休んでも、日当でほぼ十分な補償を受けられたことになる。これを皮切りに、以後アテナイ民主政では、評議員・役人の勤務や民会への出席にも日当が支払われるようになる(民会手当については第5章1参照)。こうして民衆の政治参加は、絵に描いた餅ではなく、現実のものとなっていった。日当のような公共手当の形で富を再分配するシステムは、その後さらに戦争孤児や身体障害者の生活保障にまでおよんだ。

のちに近代の知識人は、裁判所や民会の日当が、貧民の怠惰な生活を助長する堕落現象であったと考えた。だがこれは、後世の的外れな想像である。日当は政治参加の対価であって生活支援金ではなく、割かれた労働時間の補償には十分だが、働かずに生活するにはとうていい足りぬ金額だったからである。

前四五一／〇年、ペリクレスは有名な市民権法案をみずから民会に提案し可決させた。それまでは父がアテナイ市民であれば、母が(外国人や奴隷など)非市民の身分でも、子どもは市民権を与えられていた。しかしこのペリクレスの市民権法により、今後は両親ともに市民である子にしか市民権が認められなくなったのである。彼がなぜこのような立法を提案したかについては長い論争があり、いまだ結論を見ない。

「フクロウの帝国」

ペリクレスの第二の政策目標は、デロス同盟支配の強化と、徹底した反スパルタ外交であった。前四五四年、彼は同盟金庫を同盟本部のデロス島から強引にアテナイのアクロポリスに移し、以後、国家歳入に匹敵する莫大な同盟貢租金がアテナイに流れ込むようになる。アテナイは強大な海軍力を背景に同盟各国から貢租金をきびしく取りたて、その六〇分の一はアテナ女神への初穂料として、公然とアテナイ国庫に納められた。第一の政策の財源は、ここに求められた。同盟資金をアテナイ財政に流用しているとの批判に対してペリクレスは、同盟諸国のためにアテナイが戦っている以上、余った資金を何に使おうと自由である、と反論したという

（プルタルコス『ペリクレス伝』一二章）。

前四五〇年ごろ、アケメネス朝との戦争状態は事実上終結する。デロス同盟は存在理由を失ったが、ペリクレスは反対派を抑えて同盟を存続させる。ここから同盟は、アテナイの帝国主義的支配機構へと変貌した。同盟諸国はもはや対等の戦友ではなく、アテナイに服従する被支配者となる。前四四三年、貴族派の首領である政敵トゥキュディデス（歴史家とは血縁者らしいが別人）を陶片追放すると（第2章4参照）、ペリクレスのライバルは事実上姿を消した。

デロス同盟は、貨幣（銀貨）という形で富を中央に集め、その富で海軍を動かす巨大で効率的な財政システムをそなえていた。海軍の維持には、軍船の建造とメンテナンス、漕ぎ手の日当などに膨大な費用がかかったからである。アテナイは、国章であるフクロウが刻印された良質のアッティカ銀貨（本章扉）を支配圏に大量に流通させたから、その覇権は国際通貨による支配でもあった。現代の歴史家は、これを「フクロウの帝国」とも呼ぶ。

繁栄するアテナイ

こうしてペリクレスの時代に民主政は市民生活に根をおろし、まさに市民が「順ぐりに支配し、支配される」体制が出現した。アテナイは、スパルタと肩をならべる超大国に成長した。外港ペイライエウスは、海軍基地であるとともに東地中海最大の貿易港としてもにぎわい、多くの外国人がビジネスチャンスを求めて来住した。主要な輸出産品は、名産のオリーブ油や美麗な陶器、そして何よりアッティカ銀貨そのものである。また巨額の同盟貢租金が国庫を潤すのみならず、アテナイ市民が所有する海外資産からも莫大な富がもたらされた。かくて「フクロウの帝国」は、前五世紀なかばに繁栄の頂点を迎えた。

国富は、文化にもふんだんに費やされた。早春の大ディオニュシア祭など数々の祭典では演劇・合唱の競演が催され、アイスキュロス・ソポクレス・エウリピデスの悲劇やアリストパネスの喜劇が上演された。真夏にはアテナイ最大の祭典パンアテナイア祭が盛大にとり行われ、スポーツ競技や祭礼行列の見物に、海外からおびただしい数の客が訪れた。

アクロポリスには、きらびやかに彩られたパルテノン神殿が荘厳に輝き、その内陣には、神殿本体を上回る費用をかけた黄金と象牙製の巨大なアテナ女神像が納められていた。ソフィストと呼ばれる知識人たちがこの都市に多く足をとどめ、アテナイはギリシア文化の中心地となった。ペリクレスは、かの葬送演説で次のように誇る。「われらは四季をとおして催される競技や祭典を楽しむ一方で、見るも美しい家財を日々めでることで苦悩を忘れ去る。さらに、わが国が偉大であるゆえに、全世界からあらゆる物産がもたらされる」(トゥキュディデス『戦史』二巻三八章)。

ここまでギリシアに民主政が誕生し、完成する経緯をたどってきた。門閥貴族の政権独占が突きくずされ、成文法による国制が定められてゆく展開は、ある程度どこでも見られたことである。だが、それだけで民主政は生まれない。民主政は、広い国土で貴族の内紛が長く続いたアテナイでこそもっとも必要とされ、実現した市民団統合の様式であった。

では一応の完成を見たアテナイ民主政という国制は、どのようなメカニズムによって動いていたか。次章ではいったん時代の流れから離れて、この問いに答えてみたい。

第2章
市民参加のメカニズム

プニュクスの民会議場跡．右下は演壇．遠方にアクロポリスとパルテノン神殿を望む．

1　市民の社会と民会

社会構成と民主政

哲学者ソクラテスは、アテナイの民会に集まってくる連中が「縮絨工か、靴屋か、大工か、鍛冶屋か、農夫か、商人か、それとも安く買って高く売るほかには何も考えていない市場の仲買人」のように、「思慮の足りぬ卑賤な人間ども」にすぎないと、軽侮を込めて語る（クセノポン『ソクラテスの思い出』三巻七章）。だが彼のことばは、どこまで真実なのか。

最盛期で五〜六万人、少ないときで二万〜二万五〇〇〇人という成年男子市民のうち、富裕市民・中産市民・下層市民が、それぞれどれだけの割合を占めていたか。これは、アテナイ民主政を考える上で避けて通れない問題である。ある人がどの社会階層に属するかは、現代と同様、その投票行動と密接な関係にあり、一人一票が原則の民主政のゆくえに深くかかわっていたからである。

だが、こうした数量的な問題に対し、古典史料はあまりに無力である。貧乏学者のソクラテスは、家計のことでいつも妻から小言を言われていたというが、では彼のような市民が全体の

表1　アテナイ市民の階層別人口

階　層	所有地平均(ha)	市民数(人)	人口比(%)	面積比(%)
1(富裕)	18.2	1,200	4	32
2(中産)	4.5	8,000	26.5	53
3(中小)	0.9	11,000	36.5	15
4(無産)	0	10,000	33	0
計		30,200	100	100

(Bresson 2016, Table 6.1 をもとに作成)

何パーセントを占めていたのか。また彼は、弟子で裕福な貴族のアルキビアデスが三〇〇プレトロン(約二九ヘクタール)たらずの土地の持ち主だと述べているが(プラトン『アルキビアデス』一二三C)、この程度の資産家はどのランクに属したのか。あるいは民会の多数を占めたとされる、いわゆる無産市民の割合はどれほどだったのか。こうしたことについて、古典史料は何も語ってくれない。

そこで役立つのは、社会構成についての仮説モデルである。経済史家たちは理論にもとづいたモデルを何通りか考えてきたが、ここではその一つをもとに、アテナイ市民を所有地の平均面積に従って、上位から第1(富裕市民)、第2(中産市民)、第3(中小市民)、第4(無産市民)の四階層に区分し、それぞれの人口比を示してみる(表1)。ちなみにこれは、成年男子市民人口を三万人あまりと仮定した場合の数字である(なおこの区分は、第1章2で述べたソロンの四等級とは別のものである)。

中小農民がつくる社会

まずここからわかるのは、経済的にはアテナイもけっして平等な社会ではなかったことである。人口比わずか四パーセントの第1階層が、耕地全体の三二パーセントを所有していることからも、それは明らかだ。だが、それ以上に目を引くのは、大小にかかわらず土地を所有する農民が、全体の七割近くを占めることである。アテナイは市民に関する限り、農場経営者を中心とする農業社会であった。商工業は在留外国人(市民権をもたぬ自由人)や奴隷が多く従事する分野である。民会に集まる市民の大半が職工や商人であるかのように言うソクラテスの認識は、その点現実とずいぶん食いちがう。

第1階層は旧貴族層と言ってよく、アルキビアデスもこれに属する。第1階層と第2階層をあわせた九二〇〇人は、マラトンで戦った重装歩兵数にほぼ一致し、富裕エリートおよび中産エリートと言えよう。これに対し小土地所有者である第3階層の人口比は三六パーセント以上を占め、最大の票田である。所有地からの収入でかつがつ生活できるか、それでも足りなければ賃労働などで生計を補っていた人びとである。ソクラテスは、生活実態からすればこの階層だろう。

(土地を所有せぬという意味で)無産市民である第4階層の割合は意外に小さく、過半数には全然およばない。第2階層と第3階層をあわせた中層市民は、無産市民をはるかに上回り、人口比で六三パーセント、所有面積比では実に六八パーセントに達する。これはかなり均等な土地所有の分布であると言える。要するにアテナイは、中小農民が市民団の屋台骨を成す社会であった。

自分は労働せず、所有地を奴隷や賃労働者に耕作させたり、賃貸に出したりして生活できた富裕エリートは、第1階層と一部の第2階層に限られる。大多数の市民は、みずからも働かないと食べていけなかった。他方、土地をもたぬ無産市民とはいっても、商工業や賃労働など、土地所有以外に生計の道を見出せたから、かならずしもすべてが極貧層とは言えない。

そうだとすれば、ソクラテスが描く社会像は、かなり現実からかけ離れていたことになる。アテナイの市民社会は大部分が土地所有者からなり、しかも土地は比較的均等に分配されていた。実際、社会の経済的格差を示す「ジニ係数」(富が平等に分配されていればゼロ、一人が独占していれば一となる)で比べても、のちのローマ帝国が最大〇・八五であったのに対し、アテナイ市民団は〇・三八前後と、格差が少ない社会だったと指摘する研究者もいる。

貧富の格差は厳存してはいたが、かといって隔絶したものでもなかった。大半の市民たちは程度の差こそあれ、民主政のために考え、行動できるような経済的な余裕に恵まれていたと言えよう。

民会

さて市民の政治参加としてもっとも代表的なものが、民会への出席である。

成年男子市民の全体集会である民会（エクレシア）は、名実ともに民主政の最高意思決定機関であり、市民権さえあれば平等に出席・発言・投票の権利が与えられた。市民たちはここで国政の最重要問題について議論し、多数決で決議を下したのである。

市民権とは、市民としての地位のことである。身体の自由・土地所有権・居住権・相続権などのほかに、もちろん参政権（公民権）もふくまれる。ペリクレスの市民権法の定めにより、両親がアテナイ市民の身分であれば、家柄や財産額などは一切問われずに市民権が与えられた。

民会はどれくらいの頻度で開かれたか。アテナイでは普通の陰暦のほか、一年を一〇等分し、その各期間（三六日前後）を一プリュタネイアとする評議会暦も併用していた。前五世紀の民会は一プリュタネイアに一回であったが、前四世紀後半には同じく四回、すなわち年に四〇回の定例会が定められていた。

定足数の規定はあったのか。これが実ははっきりしない。外国人に市民権を授与するなど、個人の地位にかかわる決議については六〇〇〇以上の投票総数が求められ、投票具を用いた無記名秘密投票で最終的な裁可が下された。これは特別な場合であるが、おそらく通常の民会についてもある程度の定足数観念はあったのだろう。当時の通念では、五〇〇〇〜六〇〇〇人が参集すれば、市民全体の総意に等しいと見なされたらしい。

プニュクスの丘

民会は前五世紀なかば、アゴラ(後述)からその少し南西にあるプニュクスの丘に移り、以後前四世紀末まで、ここが主たる民会議場であった(巻頭地図「アテナイ市内」)。演壇を要の位置において、扇形に岩盤を切り出して作った露天の広場である(本章扉)。ここは今でもオリーブの林に囲まれた閑静な場所で、しかもアクロポリスを望む見晴らしのよい丘である。アゴラの喧騒から離れた静かな環境で、市民たちは演説者の声に耳を傾けたのである。ちなみにプニュクスとは、「すし詰め」という意味である。それだけ大勢の市民が議場につめかけたのだろう。

そのせいもあったのか、議場は第Ⅰ期(前四六〇〜四〇〇年ごろ)のあと段階的に拡張され、第Ⅱ期(前四〇〇〜三四〇年ごろ)には二六〇〇平方メートル、第Ⅲ期(前三四〇年ごろ以降)には五五五〇平方メートル、収容人員一万三八〇〇人にまで広がった。今日見られる遺跡は、この第Ⅲ期のものである。

人びとは、はじめ地面に直接腰を下ろしていたが、議場が拡張されると木のベンチに座るようになった。議場が前四世紀になってからも拡大したことは、民会に参加したいという市民の意欲がけっして衰えなかったことを示す。プニュクスは民主政のシンボルとなり、喜劇では民衆（デモス）を擬人化した「プニュクス区のデモスさん」という架空の人名が登場する（アリストパネス『騎士』四二行）。

交通手段が発達した現代でさえ、これほど大規模な成員総会を頻繁に開くことはできないだろう。定時株主総会でも年に一回である。これに対しアテナイの民会は、前四世紀後半には定例会だけで月に二～三回開催されていたことになるから、かなりの頻度であったと言える。

市民たちはどのような思いで、年に何度もこの丘に足を運んだのだろう。遠方から徒歩で往復した労苦を考えれば、政治にかけた市民の熱意が伝わってくるというものである。利潤の追求より政治参加にこそ生きる意味を見出していたアテナイ人にとって、民会に参加することは大切な生きがいであった。

議題の作成と議長団

民会が重要な案件を効率よく次々と議決するには、用意周到な下準備と効率的な議事運営が必要である。これを担当したのが五〇〇人評議会（ブレ。以下評議会と呼ぶ）であった。

評議会は、各部族から五〇人、計五〇〇人の評議員から成り立つ。三〇歳以上の市民から抽選で選ばれ、任期は一年で再任は許されなかった。ただし間をおけば、生涯に二度まで就任できた。評議会はあらかじめ議題や議案を作成して審議し、承認した上で民会に上程する。逆に、評議会が先議して上程した議題でなければ、民会は決議を下すことが許されない。

国家の方針の素案を作るところだから、評議会は政策決定の中枢であった。ペリクレスのような大政治家であっても、政策や法案を民会で可決させるには、原則としてまず評議会に働きかけないと民会に上程してもらえない。評議員には一生に二度までしか選ばれないから、自分が評議員である年を除けば、政治家はたまたま評議員を務めている配下に発議させるしかなかった。

評議会は民会の議長団も選出する。各部族の評議員五〇名は、プリュタネイアごとに輪番で当番評議員(プリュタネイス)を務める。いわば執行委員会である。前五世紀末まで、この当番評議員が評議会と民会の議長団を、またその筆頭が議長を務めていた。前四世紀に入ると当番評議員は議長団を務めなくなり、代わって彼ら以外の各部族から一名ずつ、計九名の議長団(プロヘドロイ)が選ばれた。議長は抽選で選ばれ再任はなく、任期はわずか一日しかなかった。収賄などの不祥事を避けるためである。

成立した民会決議文には議長の名が記されたから、生涯に一度しか務められない議長の座につくことは、一般市民にとってたいへん名誉なことであっただろう。しかもくじ運がよければ、誰にでもその可能性はあった。

ソクラテスも、民会議長の席に着いたことがある。彼が評議員に選ばれた前四〇六年秋のことで、晴れ舞台になるはずであったその民会は、ふたを開けてみれば怒号飛び交う大荒れの集会となり、議長ソクラテスはつるし上げの憂き目に遭う。まことに不運なその次第は次章で語るが(第3章1)、ふだんから民主政の不合理をあげつらっていたソクラテスが、実人生ではまじめに政治に参加していたという事実は、いろいろな意味で興味深い。

祈りで始まる民会

民会は明け方、供犠《くぎ》と祈りから始まる。まず子豚を神々への犠牲に捧げ、その血を議場の周囲に撒く。血を散布された内側は浄められた空間とされ、議事はそのなかで行わねばならない。次に司会役の伝令が、おごそかに祈りのことばを読みあげる。「不吉なことばを慎んで静粛に！ 祈りなさい。今から始まる民会が、この上なく善く立派に行われますように」。会衆もそれに応じ、民会が最後までとどこおりなく営まれるように祈る。収賄によって金で買われた発言をする者、僭主政樹立をくわだてる者、ペルシアと内通する者には破滅あれ、と呪いがかけられる。そして「おお全能のゼウスよ、これらの願いを聞きとどけ、神々がわれらに助力するようおはからい下さい」と締めくくるのである。

民会は神々が照覧する厳粛な集会であり、欺瞞やごまかしは許されなかった。まして議場で暴力を振るうなどもってのほかであった。逆に無事可決された決議は、神慮にかなうものと見なされた。途中で雷が鳴ったり雨が降ったりすると、人びとはあわてて民会を解散した。ゼウスが怒っていると考えたからである。神々が嘉《よみ》したまう、ということがすべての規範のもとであり、政治も例外ではなかった。ついでながらエクレシアということばは、のちキリスト教時代には教会を指すようになる。民会と教会では中身が相当ことなるが、人びとが集まり祈りを捧げる神聖な場であることだけは共通している。

議事の進行

そして議事が始まり、たいてい午前中いっぱいで終わる。午後はとくに夏場、灼熱の日光にさらされる屋外に長時間いるのが危険だからである。

議事内容は、同盟・宣戦布告・和平締結などの外交政策、陸海軍の動員などの軍事、戦時財産税・公共事業などの財政、市民権の授与、国事犯の裁判や法規の立法などにおよぶ。軍事費をまかなうため臨時に富裕者から徴収する戦時財産税(エイスポラ)の課税は民会の専権事項であり、そのつど民会決議が必要とされた。一プリュタネイアにつき一度、年一〇回開かれる主要民会(キュリア・エクレシア)では、穀物供給や国土防衛といった最重要課題がかならず議題に上がるきまりになっている。食糧の供給は、戦争や外交と並んでつねに喫緊の課題だった。

だがそれにもまして重要な議題は、神々をいかに祀るかということであった。戦争の勝敗も、結局神々の好意にかかっていた(と信じられていた)から、宗教は国家の命運を左右する重大な公共の関心事である。政教分離を基本とする近代国家との大きなちがいである。ただし、最後に国家の意思を決めるのは神ではなく、民会につどう人間たちであった。

議長の指示を受けた声の大きな伝令が、議事進行をつかさどる。伝令は新しい議題ごとに、「誰か発言したい者はいないか？」と議場に呼びかけるのである。演壇で発言するには、特別の公職や資格は一切必要ない。市民であれば、誰でも登壇して自由に発言する権利がある。平民テルシテスが民会で発言しようとして打ちすえられた昔を思えば、「言論の自由と平等」は譲ることのできない価値であった。発言者の人数や発言時間にも、制限はなかったらしい。提案に対する賛成反対の意見表明や修正案なども、自由に発言できた。

図 2-1　民会議場，演壇．下から３段目，テラス状の場所で演説を行った．

ただし、あまりにくだらない演説を長々とすれば、議長の判断で容赦なく降壇させた。貴重な時間の浪費だからである。それは演壇のそばにひかえるスキタイ人弓兵の役目であったが、彼らの働きについては第4章2であらためて語ることにしよう。

民会決議碑文

会衆は最善と思われる提案に、通常は挙手で賛意を示す。歓呼で採決したスパルタや、財産別のグループごとに一票を投じたローマ共和政の民会とくらべると、貧富の区別なく一人一票の原則が厳守されていることは、アテナイ民主政のきわだった個性の一つである。

図2-2　レオンティノイとの同盟条約碑文(部分). 前433/2年. 上から11〜12行目に「評議会と民会は決議した(ΕΔΟΧΣΕΝ ΤΕΙ ΒΟΛΕΙ ΚΑΙ ΤΟΙ ΔΕΜΟΙ)」と読める. アテネ碑文博物館蔵.

ただし挙手は数えることなく、議場を見わたした議長の判断で多数が判定される。もっとも多く手の上がった提案が、民会決議として可決される。その手続きが閉会までくり返された。一度の民会に上程される案件は一〇件前後、挙手は計二五回ほど行われた。議長にはかなり忙しいスケジュールだったと想像される。成立した民会決議のうち重要なものは、国費で碑文に刻まれ、アクロポリスに建立されて公開された(第

4章2参照)。

民会決議を石に刻んだ碑文は、断片的なものもふくめると、前五世紀で二四〇点あまり、前四世紀では六三〇点あまり見つかっている。民会決議碑文には一定のパターンに従った書式があり、提案者の個人名をはじめ、決議にかかわった人物名や日付などがかならず冒頭に記録されている。たとえば前四三三/二年、シチリアの都市レオンティノイとの同盟条約更新を決めた民会決議碑文は、神々への呼びかけから始まって、次のように関係者を列記する(図2-2)。

神々よ。レオンティノイから来て同盟と宣誓を締結した使者たち、その名はアガトクレスの子ティメノル、グラウキアスの子ソシス、エクセケストスの子ゲロン。(略)アプセウデスがアルコン、クリティアデスが評議会の書記を(最初に)務めた年。評議会と民会は次のとおり決議した。アカマンティス部族が当番評議員、カリアス(Charias)が書記、ティモクセノスが議長を務めた。カリアス(Kallias)が次のように提案した。アテナイ人とレオンティノイ人は同盟を締結し、宣誓を与え、受けるべきこと。(以下略、『ギリシア碑文集成』一巻三版五四)

エリートと民衆

ところで、内外の事情に精通して政策を練り、説得力ある演説で民会に訴えかけるには、多大な時間と資金、そして知識と人脈が必要となる。そのような政治活動にフルタイムで従事できるのは、事実上有閑階級のエリートだけであった。こうした「プロ」もしくは「セミプロ」の政治家は、常時一〇〜二〇人たらずであったという。そういう経済的余裕にめぐまれているのは、おおむね先述の第1階層か第2階層に属する市民だろう。第3階層にも多少はこうした能動的な市民がいたかもしれない。だが残りの大多数の市民は、民会での議論を聞き、判断し、そして投票するだけであった。民主政になっても、政治指導者はエリートで占められていた。

しかし、そのエリートの政策を選択するのは、やはり民会に集まった民衆であった。民主政の下でエリートがエリートたる地位を認めてもらうには、つまるところ、民会で多数票を獲得するほかに道はない。役人の大多数が一般市民から抽選で選ばれるようになると、将軍などは例外として、公職はもはやエリートの証ではなくなった。公職の経歴が出世を保証したローマの貴族や、位階によって特権を授けられた日本の律令貴族のような、制度化された支配エリートは、存在しなかったのである。

生存をかけた政治参加

だからエリートは、つねに民衆の価値観に訴え、民衆のイデオロギーにさからわないようにしながら、政策を実現してゆくほかなかった。政治エリートがエリートどうしの競争に生き残るには、自分個人の力量にたよるほかなく、その影響力は民会の投票ごとに試された。

しかも、民会を構成する会衆は、時の情勢で刻々に変化した。エピアルテスの改革が重装歩兵軍の遠征中をねらって断行されたのは、その潮目を読み分けた老獪な策略であった(第1章3参照)。演壇に上がってみたら反対派の市民たちで議場が埋めつくされていた、ということもまれではなかっただろう。このように集団としての民衆は、エリートに対しつねに優位を保っていたと言える。その意味でも、民主政は名実ともに民衆が支配する体制であった。

地位をかけて民会に臨むエリートも真剣なら、投票の判断を迫られる民衆も真剣であった。私たちが選挙で選ぶのは政党や議員であるが、古代の市民が選んだのは、個々の政策そのものであった。しかもその選択は、市民一人一人の明日の運命と直結した。スパルタとの開戦に一票を投じることは、自分が明後日にも家族と別れを告げ、戦士として武装を整え、食糧三日分をたずさえて、市内の集合場所へと出発する決意を意味した。判断を一つまちがえば、みずからは海のかなたの戦地で屍をさらし、家族は路頭に迷うかもしれない。彼らは人ごとではなく、自分の身体にかかわる選択を、採決ごとに迫られた。市民が統治者を選ぶのではなく、市民こそが統治者だったからである。

二〇世紀後半に世界のギリシア・ローマ史研究を牽引した泰斗M・I・フィンリーは、名著『民主主義――古代と現代』で、アテナイ市民の政治参加が現代よりもはるかに切実な、身体性をおびたものであったことを強調する。エリートと民衆は、それぞれに生存をかけて民主政に向きあっていた。

2　評議会と役人たち――公職者の責任

では民会が決定した国家の意思は、どのように実行に移されたのか。次に行政のしくみについて見てみたい。

五〇〇人評議会

行政の中枢は評議会である。直接民主政と言えば青空議会である民会を思い描きがちだが、最盛期でも月に二〜三度しか開かれぬ民会が、政治を何もかも行うのは不可能である。民主政を実務面で支えたのは、年間二五〇日あまりも開催された評議会であった。事実上の政府当局である。その働きは、イギリスの史家P・J・ローズのすぐれた実証研究(一九七二年)で全貌が明らかにされた。

評議会は財政・軍事その他行政全般の方針を決め、役人を監督指導して細かな実務にあたった。その業務は、三段櫂船の建造、国庫収入の記録と管理、役人の処罰、軍馬や騎兵の審査など幅広い。パルテノン神殿建設のような公共事業の基本計画案を作成したのも評議会であった。

図 2-3 評議会議場(想像図).演説者(中央)と評議員たち.前 500 年ごろ.

なかでも国家財政の一元管理は、評議会の重要な仕事であった。現代人にはたいへんうらやましいことだが、直接税は僭主政の暴虐に等しい苛酷な税と考えられ、戦時財産税を例外として、市民には課せられない。通常の財源は神殿領など国有財産の賃貸料、銀山の採掘収益、関税・港湾税・市場税、在留外国人からの人頭税、罰金および没収財産などである。評議会は賃貸料や納税一切の記録を納期ごとに保管し、納入額と未納額を掌握していた。

評議会議場は、アゴラにあった。アゴラはアクロポリス北麓の広場で、商店が小屋がけする市場であるとともに、役所や裁判所などが集まる公共センターである(巻頭地図「アゴラ」)。その西辺、コロノス・アゴライオスの丘のすそに、前五世紀はじめに作られた正方形の建物が評議会議場である（図2-3）。

その南に接する円形堂（トロス）には、当番評議員のうち一定数が常駐し、会食や寝泊まりもした。キッチンと思われる設備も発見されている。円錐状の屋根を鱗状に瓦で葺いた、一風変わった建物だったらしい（図2-4）。ここは国家の事実上の本部で、当番評議員の筆頭は国庫と公文書館の鍵、および国章を刻印した国璽を保管する（筆頭については第4章2も参照）。度量衡原器である升や分銅も付近で出土しているのは、市場が近かったからだろう。外国使節の応対も彼らの役目であった。ソクラテスも、評議員を務めた年にはここで何日かを過ごしたはずである。

図2-4 円形堂（復元模型）.

このように評議会の任務は多岐にわたり、しかも五〇〇人が任期一年で交替するのであるから、きわめて多くの市民参加が必要であった。ある推計によると、かりに評議員の平均年齢を四〇歳とした場合、評議会が継続して運営されてゆくには、つねに最低二万五〇〇〇～三万人の成年男子市民人口が必要だという。ということは、人口の少なかった前四世紀では、ほぼすべての市民が一度は評議員に就任し、政府当局の実務を経験したことになる。

みずからも労働しないと生活できない大半の市民たちにとって、

毎日のように評議会に出席することには困難もあったにちがいない。ただ評議員には日当が支払われ、前四世紀末には一般の評議員に一日五オボロス、当番評議員には一ドラクマが支払われていた。前五世紀にはこれより低額だったはずだが、下層市民にはかなりありがたい援助となったはずだ。

何より評議員への就任は、一生に一度か二度のひのき舞台であって、市民がいだいたのは負担よりもむしろ誇りの感情であろう。劇場の特等席の提供と任期中の兵役免除という特典もあったが、それよりも彼らを支えたのは、政府の中枢に直接かかわっているという自覚と矜持であった。「順ぐりに支配し、支配される」という直接民主政の本質は、評議会にもっとも明快に現れていた。

役人たちの仕事

評議会の監督の下、行政に直接たずさわるのは役人（アルカイ）たちである。将軍など選挙で任命される軍事職などを除けば、大半は抽選で選ばれ、任期一年で再任は認められない。公務員試験のようなものは一切ない。三〇歳以上の市民であれば、くじ運次第で誰でも役人に選ばれたのである。

選挙が貴族政的であるのに対し、抽選は民主政固有の制度と考えられていた。だが本来、抽選の結果は神意によるものとされ、ホメロスにも登場する由緒正しい選抜方法である。同等資格者から公平に一人を選出する方法として、もともと貴族のあいだで用いられていたものが、民主政の世の中になって普及したのであろう。ただし国の命運が託される軍事職は、さすがのアテナイ市民も抽選ではなく、選挙で選んだ。同じ理由で、都市への給水を担当する水源監督官も選挙で選出された。

『アテナイ人の国制』には、実にさまざまな役人が登場する。役人は常時七〇〇人ほども働いており、九人のアルコンやアテナ女神の財務官のように格式高い役職から、ちまたの生活にかかわるところでは、屎尿《しにょう》処理の監督やら行き倒れの死体の取り片付けやら、市街地の保安や清掃にあたる市域監督官(アステュノモイ)という役職まである。役人は権威を示すギンバイカの葉冠をかぶり、法に従わぬ者には略式罰金を科した。ただしその職権はローマに比べるときわめて微弱であり、個人の裁量で行使できる範囲はごく小さい。

市域監督官は、盛り場の喧嘩の仲裁にも出動した。宴会に興を添える「笛吹き女」という芸者奴隷がいて、これを男どもが取りあいになったとき、抽選で決着をつけるのである。苦労が多そうな役職であるが、本当の汚れ仕事は国有奴隷の下吏にやらせたらしい。

牢獄と処刑

いやな役目と言えば、「一一人」という奇妙な名前の役人もいる。文字どおり一一人で構成され、牢獄の管理と死刑執行にあたる。牢獄はアゴラから西南に少し離れた四つ辻の角にあり、通路をはさんで獄房が並ぶ特殊な間取りの遺構が発掘されている(巻頭地図「アゴラ」および図3-5)。前三九九年にソクラテスが毒杯を仰いで処刑されたのも、おそらくその中の一室であろう。プラトンの対話篇『パイドン』(一一五A)には、処刑を前にしたソクラテスが沐浴に行く場面があるが、それを裏付けるように北西隅の小部屋から大きな水瓶と水盤が発見されている。

図 2-5　処刑に使われた毒薬の壺.
毒ニンジンをすりつぶして用いた.
アテネ，アゴラ博物館蔵.

死刑執行は、国家権力がもっともあからさまな形で行使される場面である。ソクラテスに処刑を告げに来るのは、「一一人」の助手(おそらく国有奴隷)である。彼は涙を流しながら「さようなら。できるだけ心安らかに、このなすべきことに耐えるようにして下さい」と言って去る(一一六D)。責任者である「一一人」は、一人も姿を現さない。同じ市民として、死刑囚やその家族に顔を見せて恨みを買うのがイヤなのだ。処刑も本人が毒杯を仰ぐという、いわば名誉ある自殺という形式を取る。市民が市民の身体に手をかけることは、復讐の危険もあるだけに避けたのである。

「一一人」は例外だが、たいていの役職は一〇名の同僚団によって構成され、職務を分担する。これは任期が一年であることとあわせて、一人の負担を軽減すると同時に、権力を分散させて一人に集中しないようにする配慮である。自立した権力を備えた官僚制が育つ余地は、どこにもなかった。

公職者の責任

役人は官僚でもなく、職業でもなく、身分でもない。では何が一般市民とちがうかと言えば、それは市民団から「責任を問われる」という点である。「順ぐりに支配し、支配される」体制は、他方で役人の権力濫用に対する強い警戒心によって支えられていた。

すべての評議員と役人は、任期終了を前に在任中の公務について厳正な審査を受ける。これを執務審査(エウテュナイ)という。審査は二部に分かれ、前半では本人が提出した会計報告書をもとに、公金横領・収賄・欠損など金銭にかかわる不正を会計検査官(ロギスタイ)が取り調べる。後半ではそれ以外の執務について、執務審査官(エウテュノイ)が一般市民から告発を受け付ける。どちらも最終的な審判は、民衆裁判所が下す。

もし横領などの罪が暴かれて有罪になれば、重い罰金や公民権の停止・財産没収を、また売国罪などの重罪が立証されれば、死刑を覚悟しなくてはならない。執務審査をはじめとして、アテナイには公職者の不正を摘発し、訴追し、処罰する制度が、いくえにも張りめぐらされていた。

とくに世間のきびしい目が注がれたのは、役人が地位を利用して不当な利益を得ることであった。アリストパネスの喜劇『蜂』(前四二二年上演)では、公金横領の罪を告発された被告が、裁判員にすがりながらこう哀願する。「父よ、憐れんで下さい。お願いです。もしご自身もいつか役人を務めたときや、戦地で仲間の糧秣《りょうまつ》を買い付けしたときに、公金をくすねた覚えがおありでしたら」(五五六~七行)。

おそらく庶民から抽選された小役人なのだろう。このように誰でも政治に参加できる代わりに、誰もが公的な責任を負わねばならなかった。参加と責任は、表裏一体の関係にあった。

将軍と弾劾裁判

行使できる権力が大きければ、それだけ役人への責任追及はきびしくなる。典型的な事例は、軍事の最高官職である将軍の場合であった。

将軍は選挙で選ばれることと、何度でも再任可能なことが、他の役人との大きなちがいである。エリートが選ばれることが多く、また再任をくり返せば、彼にそれだけ権勢が集まることは避けがたい。前五世紀前半、将軍が国家の指導者として活動する例が多くなると、その政治上の責任を問われて裁判にかけられる例も頻繁に現れるようになった。

その手段が、弾劾裁判(エイサンゲリア)である。売国罪や民主政転覆といった重大犯罪について、市民であれば誰でも訴えを起こすことができ、審判は民会や民衆裁判所で行われる。とくに将軍が政策や作戦の失敗を問われて弾劾される事例が目立った。有罪と決まれば、多くは死刑の判決が下った。エリートどうしの政争の手段に用いられる場合ももちろんあったが、判決はいずれにせよ民衆の多数決で決まったから、民衆がエリートを裁くという性格が色濃かった。先述したマラトンの英雄ミルティアデスの裁判がその一例である。ほかにもテミストクレス、キモン、そしてほかならぬペリクレスすらも、弾劾裁判などの訴訟手段による告訴をまぬがれなかった。

民衆は、将軍が国家に有用な政策や作戦を立てられるかどうかを、つねに監視した。そしてその任にあらずと判断すれば、容赦なく解任し裁きの庭に引き出したのである。民衆はエリートがエリートにふさわしくないと考えれば、ただちにその地位を奪い去る。弾劾裁判はそれを思い知らせる場でもあった。

アイスキュロスの悲劇『ペルシア人』(前四七二年上演)は、八年前のサラミスの海戦の顚末を、敗者であるペルシア宮廷の視点から描いた傑作である。勝敗の知らせを今や遅しと待つ母后アトッサは、親征に出かけた息子クセルクセス王の権威について、長老たちに向かい次のように公言してはばからない。

よく承知しておきなさい。息子はもし首尾よく打ち勝てば、男として称賛されるでしょうし、たとえ負けても国への責任を問われません。無事に帰れば、以前のようにまたこの地上の主人となるのですよ。(二一一～四行)

クセルクセスのような専制君主は、戦争でおびただしい人命を犠牲にしても、責任を一切問われない。だが民主政では、将軍が敗北すればその責任を取るのは当然である。だから民主政はすぐれており、すぐれているからこそペルシア人に勝ったのだ。これがアイスキュロスの隠れた趣意なのである。

『ペルシア人』は、観ているアテナイ市民にとってペルシア戦争の祝勝歌であるとともに、専制君主を撃退した民主政への賛歌でもあった。無責任な権力ほど怖いものはなく、公職者が市民団に責任を負うことこそ民主政の証しであるという価値観が、ここにはにじみ出ている。

3 裁判のアマチュアリズム

市民参加の裁判

民主政であることのもう一つの証しは、裁判権が一部のエリートではなく、市民団に委ねられていることである。アリストテレスは民主政の指標の一つとして、すべての市民があらゆることがらに関して裁判を行うことをあげている(『政治学』六巻二章)。他国民から「裁判好き」と揶揄されるほど、アテナイ人は公私にわたるあらゆる係争事件を、司法の場で解決しようとした。

アテナイの訴訟には大きく分けると、私的な利害を争う「私訴(ディケ)」と、国家共同の利害を問題にする「公訴(グラペ)」とがある。前者は被害者だけに、また後者は市民の希望者誰にでも、訴え出る権利があった。私訴と公訴は、それぞれ今日の民事訴訟と刑事訴訟に一見似ているようだが、たとえば殺人事件は、犯人と遺族との私的係争と見なされたため、私訴で扱われた。したがって遺族に訴える意思がなければ、事件は不問に付された。

他方、誰かが精神に異常をきたして家産を蕩尽しているとか、遺産を管理する後見人が相続予定者である未成年の孤児を虐待しているなど、市民の家の財産をめぐる訴訟は公訴で扱われ、善意の第三者が訴え出ることができた。逆に訴える者が誰もいなければ、やはり不問に付された。弾劾裁判なども大づかみに言えば公訴の一種であり、一般市民の誰にでも起こす権利があった。ソクラテスがこの公訴で訴えられた意味については、第3章4で後述するだろう。

法廷では、検察官にあたる司法官僚は存在しない。私訴であれ公訴であれ、訴え出た市民みずからが立って検事の役割を務める。同様に職業的な弁護士も存在しない。被告の親族友人が弁護役を務めることはできたが、他人が金銭を取って弁護役を引き受けることは収賄行為と見なされ、禁止されていた。そして裁く側も職業裁判官ではなく、一般市民から抽選で選ばれた裁判員から成り立っていた。司法のアマチュアリズムは徹底していた。

民衆裁判所

アテナイでもっとも重要な裁判機関は、民衆裁判所（ヘリアイア）である。おそらくエピアルテスの改革で誕生し、三〇歳以上の一般市民から抽選された任期一年六〇〇〇人の裁判員が、いくつかの法廷に分かれてそれぞれ訴訟の審理にあたった。

訴訟は事件の性質によって、受理する役人が決まっている。ソクラテスが訴えられた「不敬神の罪（アセベイア）」は、国家の祀る神々を敬わない罪ということであるが、九人のアルコンの一人バシレウスのもとに訴え出る。プラトンの対話篇『エウテュプロン』は、訴えられたソクラテスがアゴラにあるバシレウスの役所「王の列柱廊」に出頭する場面から始まっている。

訴訟を受け付けた役人は、両当事者を呼んで言い分を聞き、根拠のある訴えであれば民衆裁判所に訴訟を提起し、自身は法廷で司会役を務める。役人の任務はそこまでで、審理に加わったり判決を下したりする権限は一切ない。
よく解明されている前四世紀後半を例に取ると、一つの法廷は私訴が二〇一名、公訴が五〇一名の裁判員から成り立つ。重大な訴訟はいくつかの法廷が合同して審理する。私訴なら四〇一人、公訴なら一〇〇〇人、一五〇〇人、二〇〇〇人の合同法廷の例が知られている。

図2-6　裁判員身分証．青銅製．裁判員名などが刻まれる．アテネ，アゴラ博物館蔵．

「裁判好き」と呼ばれたアテナイ人は、年間一五〇～二〇〇日ほども裁判を開いていた。民衆裁判所は通常の裁判に加え、役人や評議員の執務審査など、毎年度末に定められた国家業務も担当したからである。あるシミュレーション計算によると、毎回平均二六五〇人の裁判員が参集しないと民衆裁判所は運営できなかったという。六〇〇〇人の裁判員全員が、四～五日に一度は裁判所に足を運んだ計算になる。評議員とちがい、裁判員を生涯に何度も務めたことのある市民は多かったことだろう。

買収との闘い

市民は裁判員に選任されると、それぞれ名前と本籍区などを刻印した青銅製（のち木製）の名札を支給される。これは裁判員の身分証であるとともに、抽選に不可欠な小道具である（図2-6）。

裁判員たちはこの名札をたずさえて、当日裁判所の入り口に集まる。名札が抽選器に整然とならんでいる孔に差し込まれると、次に白と黒の球を一個ずつ管から出す。出てきた色によって横一列五名全員の当落が一度に決まる（図2-7）。こうしてその日の裁判に必要な人数が選ば

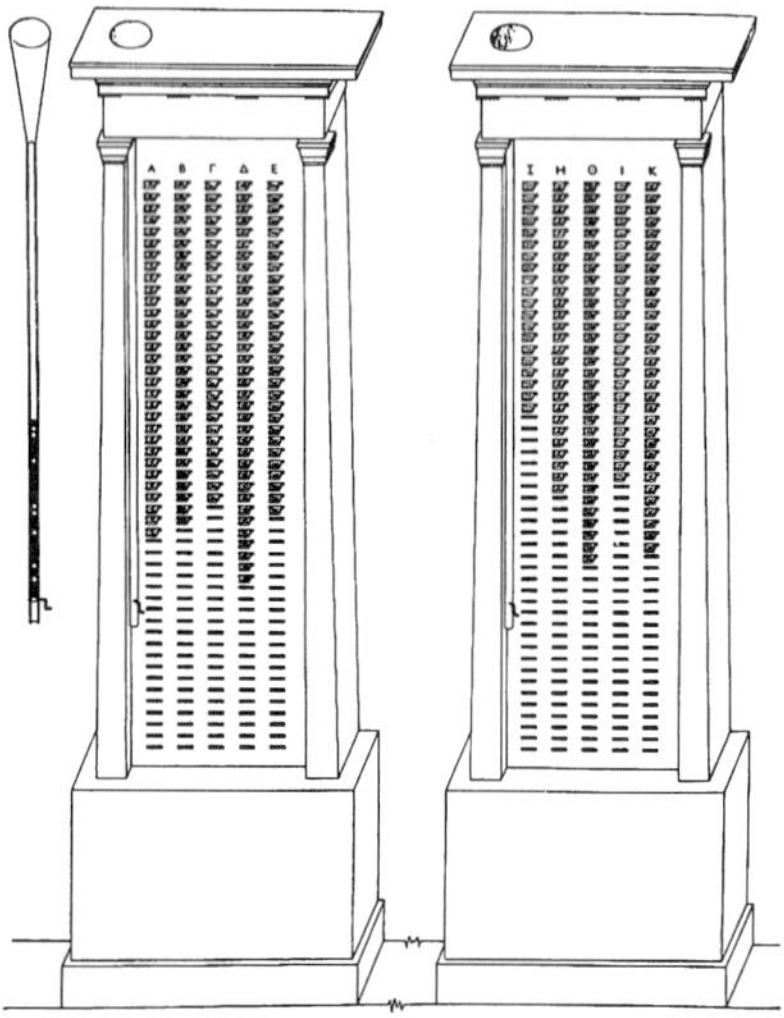

図2-7　裁判員用抽選器（復元図）．裁判員身分証を孔に差し込み，球の白黒で当落を決めた．左端は球を入れた管の断面図．

図2-8　民衆裁判所（復元図）．建物ABCD．前325年ごろ．巻頭地図「アゴラ」参照．

れたのち、さらにいろいろな小道具を用いた抽選を何度かくり返し、ようやく各法廷への裁判員配属が決まる。これを毎朝くり返す。法廷のメンバーをこのように直前に決めるのは、原告被告が事前に裁判員に接触して賄賂をわたしたり、脅したりできぬようにするためである。

裁判所の場所や施設にも、裁判員買収防止の工夫がこらされた。前四世紀末の現状を伝える『アテナイ人の国制』(六三章)には、部族ごとに一〇の入り口があり、複数の法廷が同時に開廷できる複合裁判施設が描かれている。これが現在の遺跡のどれに該当するかが、長年問題とされてきた。

前五世紀から前四世紀なかばまでは、市内に複数の法廷が散らばっていた。これでは抽選が行われるアゴラから各法廷まで裁判員が移動するあいだに原告被告が接触し、やはり買収や脅迫が可能になってしまう。そこで前三二五年ごろ、四棟の法廷をアゴラ北東部に集中することにした。軒を接して建つこれら四棟(建物ABCDという)を、裁判当日に柵で一つに囲み、部族ごとに一〇の入り口を設けたのが『アテナイ人の国制』に言う複合裁判施設ではないか、と今日では考えられている(図2-8)。柵の内部は関係者以外立ち入り禁止として、そこで抽選から判決まですべての業務を行うようにした。これで当事者と裁判員の事前接触は、ほぼ不可能となったのである。

図2-9　水時計(復元模型)．6.4リットルの容量で約6分間を測る．

悲劇に見る法廷

法廷が裁判員で満たされ、原告被告が呼び入れられると、審理が始まる。司会進行役は、訴訟を受け付けた役人である。

前四五八年初演のアイスキュロス作『慈《いつくし》みの女神たち』第三場は、母親殺しの罪でオレステスが裁きを受ける法廷場面であるが、このころ成立したばかりの民衆裁判所の審理の次第を写し取っていておもしろい。司会役はアテナ女神であり、復讐の女神エリニュスたちが原告を、アテナイ市民たちが裁判員を務めている。アテナ女神は次のように開廷を宣言する。

さあ布告使よ、告げ知らせよ、そして人びとを静めよ。どこまでも響くエトルリアのラッパを人間の息吹で満たして、力の限り人びとに音を届けよ。(略)(原告に向かって)ではまずお前たちから弁論を述べなさい。これから裁判を開始します。原告がまず先に弁論を始めれば、事の次第を正しく示してくれるでしょうから。(五六六〜八四行)

原告から先に弁論を始めるのは、現実の法廷と同じである。私訴は一日に四件、公訴は一件を審理する。私訴では原告被告二回ずつ、公訴では一回ずつの弁論が認められたが、それぞれ自分の主張を一方的に述べるのみで、今日の交互尋問のような対論はなかった。

弁論は厳密に持ち時間が定められており、法廷におかれた水時計で計測される。水時計は底部に青銅製の管を取り付けた鉢形の陶器で、管から水を流し、減った水量で時間の経過を知る。二個一組で用い、上段においた陶器から流れる水を下段の陶器で受け、上が空になると双方を入れ替えて計測を続けた(図2-9)。水時計を扱うのは国有奴隷の下僚だが、これが賄賂とひきかえに計測に手心を加えないよう、監督役がその日の裁判員から抽選される。ここにも買収に対する神経質なほどの警戒心が読み取れる。

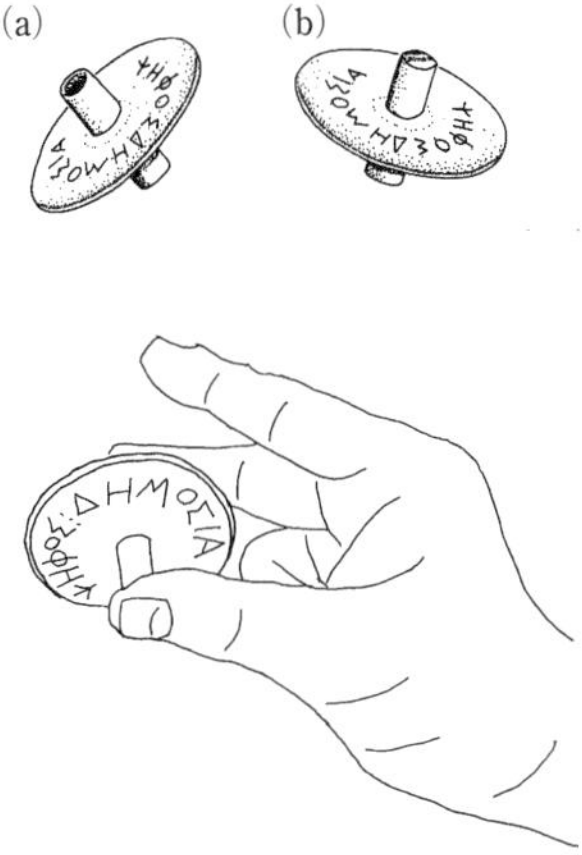

図2-10 (上)投票具．軸が管状のもの(a)は有罪票，棒状のもの(b)は無罪票．(下)投票具のもち方．

投　票

双方の弁論が終わると、裁判員に投票具が配られる。投票具は「小石(プセポス)」と呼ばれ、前五世紀末までは本物の小石を使っていたらしい。『慈みの女神たち』では司会役のアテナ女神が、

「みなさん、席を立って小石を手に取り、誓いを恐れかしこんで裁きの判定を下しなさい」と命じている（七〇九～一〇行）。

投票具は前四一〇年ごろ、より投票の秘密を厳格にするため、二個一対の青銅製に変わった。これは円盤に軸が通ったコマのような形状で、アゴラから現物が多数出土している。円盤の直径は五～六センチ、軸の長さは二～三センチ。軸には管状と棒状の二種類あって、それぞれ有罪（被告敗訴）と無罪（同勝訴）を表す（図2-10）。

法廷には有効票の壺と無効票の壺がおかれ、それらの蓋にはちょうど投票具が一個だけ通る大きさの孔がうがってある。裁判員は両手に一つずつ、どちらの手にどちらの投票具をもっているか見えないように、それぞれ指で軸の両端をふさいでもつ。そして意中の票が有効票の壺に入るようにして、二個同時にそれぞれの壺の孔に投じる。こうすれば誰がどちらに投票したか、外見からはまったくわからない。

そもそも秘密投票と買収防止は、表裏一体の関係にある。投票の秘密が厳格に守られれば、事前に裁判員を買収しても無意味になるからである。市民が個人の自由な意思で投票できることは、民主政の大前提であった。

裁判が目指したもの

投票が終わると、有効票の壺から取り出された投票具が計数板の上で数えられ、過半数を得た側が勝訴となる。票同数の場合は、被告の勝訴となる。これは古くからの掟らしい。『慈みの女神たち』では、アテナ女神が開票に際し、「たとえ票同数と判定されてもオレステスの勝訴とします」と宣告している(七四一行)。

量刑を定める必要がある場合には、ふたたび弁論がかわされ、原告被告それぞれが申し出る量刑のいずれかを、やはり投票で選ぶ。原告だけでなく、被告も自分にふさわしいと思う刑を申し出るのである。刑が申しわたされ、すべてが決まると閉廷が宣言される。裁判員は日当をもらって退廷する。死刑が宣告されれば、被告人は「一一人」に引きわたされる。それ以外の刑罰は、基本的に公民権停止か罰金であり、懲役刑はない。

ペリクレスは葬送演説のなかで、アテナイ市民が「法を犯すことを何よりも恐れる」と述べている(トゥキュディデス『戦史』二巻三七章)。だがそれは、私たちの知っている法治主義とはいささか趣がちがう。

裁判の審理は事実関係の立証よりも、むしろ被告が処罰に値する人格なのかどうかということに主眼をおく。当時の法廷弁論は一五〇編ほどが古典作品として残されているが、原告にせよ被告にせよ、事件の本筋よりも、自分がいかに立派な市民として人生を送ってきたかを縷々力説する論法が目立つ。彼らは一応「係争点に無関係なことは弁じ立てない」と法廷で誓わされるのだが、実際にはその約束が守られないことも多かった。

アテナイの司法は、一般市民たちの平均的な通念や日常経験をもとに、法廷で公私の紛争をそのつどもっとも公平なかたちで収める、ということを目指していた。裁判が事実関係のあくなき究明を目標にしては、紛争は解決できず、社会は安定しない。それが民主政の司法理念であった。

4 陶片追放——文字と民主政

不可解な制度

古代民主政の制度としてもっとも有名なのは、陶片追放(オストラキスモス)であろう。年に一度、市民たちが陶器のかけらに一人の名前を書いて投票し、一定の票数を上回った人物を一〇年間国外に遠ざける制度である。

日本では、かつて「貝殻追放」と訳されていた。水上滝太郎の評論集『貝殻追放』や、中勘助の詩「貝殻追放」にその名をとどめる。陶片を指すギリシア語オストラコンに、貝殻の意味もあったことから生じた誤訳である。「厚顔無智なる野次馬が、その数を頼みて貝殻をなげうつは、敢てアゼンス(アテナイ)の昔に限らず」と水上が言うように、陶片追放は、無智な群衆が有徳の君子を追放する多数の横暴、という解釈をあてがわれることが多かった。

だが陶片追放は、さまざまな点でなお不可解な制度である。それは、これまで話した立法・行政・司法のいずれの枠組みにもあてはまらない。僭主の出現を予防するための制度とする従来の説も、今ではゆらいでいる。前五世紀末のある時点から、アテナイ人がぴたりと陶片追放をやめてしまったのも不思議である。大量に発見された陶片をもとに、近年では実証的な研究も進んでいる。本節ではその動向も踏まえ、民主政における陶片追放の意義を考えてみたい。

陶片追放の手順

陶片追放は、次のような手順で行われる。

まず第六プリュタネイア(冬)の主要民会で、その年に陶片追放の投票を行うかどうかを話しあう。行うと決まれば、第八プリュタネイア(春)にアゴラで投票が行われる。ちなみに中勘助の詩の冒頭、「グレキアの真夏八月／日ざかりのアテナイの町」とあるのは、第八プリュタネイアを誤解したものであろう。春は麦刈りにはまだ早く、大勢の市民が集まりやすい季節であった。

民会での決定から投票まで二ヶ月以上おくのは、市民が議論し熟慮する時間を設けたのだろう。ただし公式に候補者が指名されることも、公開討論が行われることも一切ない。公表されるのは、投票の日時と場所だけである。

投票当日アゴラに集まった市民たちは、国外に退去させたい一人の名を書いた陶片を、記入面を下にして係の者に手わたす。自筆かどうかは問われない。事前に用意した陶片でもよいし、その場で書いてもよい。たいてい先端の尖ったもので表面に刻み込むが、筆で書いた陶片も見つかっている。紙のなかった当時、陶片はもっとも手ごろな書記材料であった。

投票が終わると、九人のアルコンが評議会と協力して開票作業に移る。総数を数えたのち、名前ごとに選り分け、それぞれの得票数を発表する。開票の結果、国外退去を命じられる一名が決まる。どのような基準で決まるかについて、史料の伝承は二つに分かれる。一つは投票総数が六〇〇〇票以上の場合の最多得票者、別の史料は一人で六〇〇〇票以上獲得した最多得票者と伝える。

前者を採るのが、今日では通説である。六〇〇〇票は民会の定足数にも一致し、一度に集まれる市民の総数に等しいが、一人の得票数にしては多すぎて、非現実的だからである。だが後者を支持する学者も皆無ではない。ともかく基準数を超えた人物は、一〇年間国外退去を命じられる。公民権は奪われず、財産の用益権も認められる。民会が承認すれば、一〇年未満でも帰国が許された。

何のための制度か

原告も被告もない陶片追放は、裁判ではない。だから国外退去も、刑罰とは言いがたい。市民としての名誉を奪わず、アテナイから一定期間遠ざけるのが本旨だから、陶片「追放」という訳語も、厳密に言えば正しくない。

それでは、陶片追放は何のために考え出されたのか。『アテナイ人の国制』(二二章)は、民衆から過度に声望を集めた人物が僭主になるのを防ぐため、クレイステネスが「陶片追放に関する法」を制定し、この制度で最初に追放されたのは、旧僭主の親族カルモスの子ヒッパルコスであった(前四八七年)と伝える。陶片追放の目的を僭主出現の予防とする従来の説は、この史料を根拠にしている。

だがよく考えてみると、この説明は少しおかしい。民衆に声望のある人物を、同じ民衆が陶片追放するはずがないからである。またそのような有力者ならば、逆に反対派を陶片追放し、僭主の座につくことだってできるだろう。実際、追放された者には僭主の近親者だけでなく、反対派であったアルクメオン家の人もいた。僭主出現を抑止する効果は、あまり期待できそうもない。それに市民たちは、あくまで「自分が国外退去させたい人」に投票したまでであって、僭主になりそうな人物を選ぶよう、とくに指示されたわけではない。

従来説に代わって最近有力な学説は、有力者どうしの対立の解決を民衆に委ね、どちらか一方を穏便に政界から退去させることで、政争が破壊的な内乱にエスカレートするのを未然に防ぐことが目的であったとする。そう考えれば、国家の統合を最優先し、貴族のあくなき党争に終止符を打とうとしたクレイステネスの意図にも符合する。

陶片追放された人びと

さて陶片追放された人物は少なくとも一三人、一人で二度追放された事例を入れると一五例が確認されている(表2)。

ペルシア戦争中には、旧僭主派やペルシアとの内通を疑われた人物が、しばしば陶片追放された。その背後に、僭主復活への警戒心があったことはたしかだろう。政治家が主導権争いに敗れて陶片追放されるケースも目立つ。著名な人物としては、ペリクレスの父クサンティッポスを皮切りに、清廉な人格で知られたアリステイデス、そしてサラミスの海戦を勝利に導いた功労者テミストクレスなどの名がならぶ。

クサンティッポスやアリステイデスがペルシアに対して宥和派だと見なされたのに対し、テミストクレスは強硬派であり、これらの事例の背景には、対ペルシア戦略をめぐる政策論争があったと考えられる。サラミスの勝利の九年後にテミストクレスが陶片追放されたのは、あまりに功績を誇ったため、みんながうんざりしたからだ、と『対比列伝』の作者プルタルコスは

表2　陶片追放された人物

年(BC)	人　　名	備　　考
487	ヒッパルコス(カルモスの子)	僭主の親族
486	メガクレス(ヒッポクラテスの子)	アルクメオン家
485	不明	僭主の親族友人？
484	クサンティッポス	ペリクレスの父
482	アリステイデス	「正義の人」
471?	テミストクレス	サラミスの海戦の功労者
470?	メガクレス	2度目
461	キモン	貴族派首領
470-60	アルキビアデス(大)	同名政治家の祖父
443	トゥキュディデス(メレシアスの子)	貴族派首領。歴史家とは別人
470-30	メノン	「お人好し」
470-30	アルキビアデス(大)	2度目
450-40	カリアス(ディデュミアスの子)	オリンピック優勝者
450-30	ダモン	ペリクレスの友人
415	ヒュペルボロス	最後の陶片追放

(Brenne 2002, T 1/1; Missiou 2011, pp. 38f. をもとに作成)

伝える（『テミストクレス伝』二二章）。キモンが陶片追放されたのは、エピアルテスの改革後、ペリクレスにとどめを刺されたのであろう（第1章3参照）。政争が内乱に発展するのを予防するのが陶片追放の目的だとすれば、これらの事例はその趣旨にかなう。

しかし、政治家とは思えぬ人物も陶片追放されている。二度追放されたメガクレスは、アルクメオン家出身でクレイステネスの甥（ペリクレスの母方のおじ）という名門の士だが、さしたる政治活動は知られていない。それなのに彼の名を刻んだ陶片は四四四三個も見つかっており、現存する陶片中の最多数である。

これにもまして、なぜ追放されたかさっぱりわからないのは、「お人好しのメノン」と書かれている人物で、六五八の陶片が発見されている。素性は不詳で、まず著名人とは言いがたい。「お人好し（アペレス）」と書き加えた陶片は多数あり、たんなるあだ名かもしれないが、「お人好しだから（陶片追放する）」と、理由をわざわざ追記した陶片もある。それにしても、それだけの理由でなぜ多数の票を集めたのか、謎としか言いようがない。

組織票

アテネのアゴラ博物館の一角には、すべて「ネオクレスの子テミストクレス」と刻まれた、多数の陶片が展示されている。一九三七年にアクロポリス北斜面の井戸跡から発見され、「アクロポリス陶片」と通称されるものである。いずれも酒杯を打ち欠き、その円い台を投票用の陶片としたものである。

それらは数個から十数個ずつ、いくつかのグループに分けて展示してあるが、奇妙なことに、それぞれのグループは同一の筆跡で書かれている。一人一票が原則だから、一人が複数の陶片に記入するのは、本来ありえないことである。実はこれらは、テミストクレスの政敵がひそかに手下を動員し、手分けして彼の名を大量の陶片に刻み付けた組織票なのである（図2-11）。投票の当日、市民たちに配ろうとしたのであろう。調査の結果、総計一九〇個を一四人の手で書いたことが判明している。実際には配らなかったか、配ったものが余ったか、ともかくあとで人目をはばかり井戸に投げ込んだものらしい。

図2-11　「ネオクレスの子テミストクレス」と書かれた「アクロポリス陶片」，筆跡A(右)とE(左)．アテネ，アゴラ博物館蔵．

いずれにしても、この組織票は功を奏さなかった。というのは、テミストクレスが実際に追放されたのは前四七一年前後だが、このアクロポリス陶片は前四八〇年代のものと推定され、時代が食いちがうからである。

テミストクレスは救国の英雄でありながら、抜け目なく狡知にたけた政治家としても伝えられる。ニセ情報をペルシア軍に流してまんまとわなにかけ、サラミス水道におびき寄せて撃滅したという逸話が有名だ。賄賂で私腹を肥やしたともいう。それだけにねたみを買い、敵も多かった。刻まれた文字の筆勢からは、政敵の憎悪がかいま見える。古代から変わらぬ人間の業を白日にさらしているようで、展示ケースを眺めていると興味は尽きない。

「正義の人」の陶片追放

一方、そのテミストクレスのライバルとされ、「正義の人」と称されたアリステイデスの陶片追放については、やはりプルタルコスが著名な逸話を伝える。

陶片投票の当日、読み書きができない田舎者の男が、本人と知らずにアリステイデスをつかまえて陶片をわたし、「アリステイデス」と書いてくれ、とたのんだ。驚いた彼は、「その人はお前さんをひどい目にでも遭わせたのかね」と尋ねた。すると男は答えて、「いや何も。それどころか、オレはそんなヤツを知りもしないんだが、ただどこへ行っても「正義の人」と呼ばれてるのを聞くとさ、イヤになるんだ」と言った。アリステイデスは何も言わず、自分の名前を書いてわたしてやったという(『アリステイデス伝』七章)。

中勘助の詩「貝殻追放」の題材になったこの逸話は、「それほどアリステイデスは正直な人でした」ということを伝えようとした後世の創作であろう。詩人は彼に同情を寄せ、「オストラシズム！／けうとし」と歌っている。彼は前四九〇年に将軍としてマラトンの戦いに参じ、翌年にはアルコンに選ばれている。前四八二年に陶片追放されたのは、前年のテミストクレスの建艦政策に反対した結果かもしれない。のちデロス同盟創設時に、各国の同盟貢租金の割当額をきわめて清廉公平に査定したことから、「正義の人」という人物評が生まれたらしい。

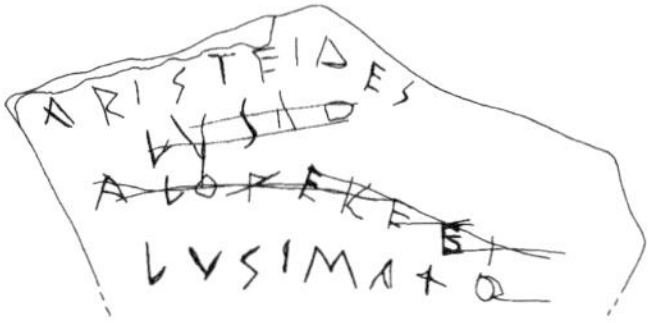

図 2-12 アリステイデスの名を刻んだ陶片(模写)．父称と本籍区を途中まで書いて断念，別人に代筆をたのんでいる．前5世紀前半．

読み書きと政治参加

さて偶然ではあるが、あたかもこの逸話を裏づけるかのような一枚の陶片が発見されている(図2-12)。この陶片の書き手はまず一行目に、下手な字だがつづりは正しく「アリステイデス」と書いている。そして二行目に、アリステイデスの父称(父の名にもとづく呼び名)を「リュシマコスの子」と書こうとしたのだが、読み書きが得意ではなかったらしいこの人は、つづりがわからなかったか「リュシ」まで書いて断念している。当時は同名人との混同を避けるため、名前のうしろに父称か本籍区のいずれかを書き添える慣習だった。

しかし諦めきれないこの書き手は、次行にアリステイデスの本籍区を「アロペケ区」と一生懸命に書こうとする。だがこれも語尾のつづりに自信がなく、終わりから二番目の文字を書き直したが、とうとう最後まで書けなかった。結局彼は自力で書くのをやめ、別の人に代筆をたのんだ。代筆者は、書き損じた二語を無造作に横線で抹消し、その下に手慣れた筆跡で「リュシマコスの子」と書いている。

この逸話と陶片がおもしろいのは、一般市民の識字能力について手がかりを与えるからである。基本は農業社会であり、公教育制度もないアテナイの識字率は、おそらく一五パーセント程度と推測されている（第4章2参照）。人の助けを借りないと読み書きできない市民も、けっしてめずらしくなかった。

むしろ、このように識字能力が不十分であっても投票できた、という事実が重要である。完璧ではなくても人の補助をたよりに読み書きする能力があれば、この少し気の毒な無名人のように、民主政に参加することは可能であった。

泡沫候補と落書き

一九六六年以降、ケラメイコス遺跡からは膨大な数の陶片が発掘され、陶片追放の研究材料は一挙に増大した。総数一万一〇〇〇点以上に上る陶片は、ようやく二〇〇二年に全体の概要が公表され、記名ごとに発見数・出土地・推定年代を整理した一覧を見られるようになった。陶片に記名された人物は総計一七〇名。その八〇パーセント以上が、一個または数個しか陶片が発見されない、いわば泡沫候補である。大半が無名人と言えよう。これは、私的怨恨などの動機で票を投じた市民が少なくなかったことを示す。

極端な話だが、陶片追放というものは個人的に恨みをいだく相手や、いけ好かない隣人の名前を書いて投票しても、一向にかまわない。奴隷ではないかと思わせる――したがって陶片追放の対象にもなりえない――人名を書いた陶片すら見つかっている。それら「泡沫票」は、相手を本当に追放する可能性もなく、書き手もそれがわかっていながら溜飲を下げる目的で書いたのだろう。罪がないと言えばない一票である。

余計な落書きのある陶片も目立つ。先述の「お人好しのメノン」のような例だ。こうした事例は全体の一パーセント、一二〇例に上り、書き手の気持ちがうかがわれるものも少なくない。なかでも多いのは、候補者がペルシア側に内通した裏切り者だ、と告発する次のような例である。

「ペルシアに内通したランプトライ区のハブロニコスへ」
「アリステイデス、ダティスの兄弟」
「売国奴カリクセノス」

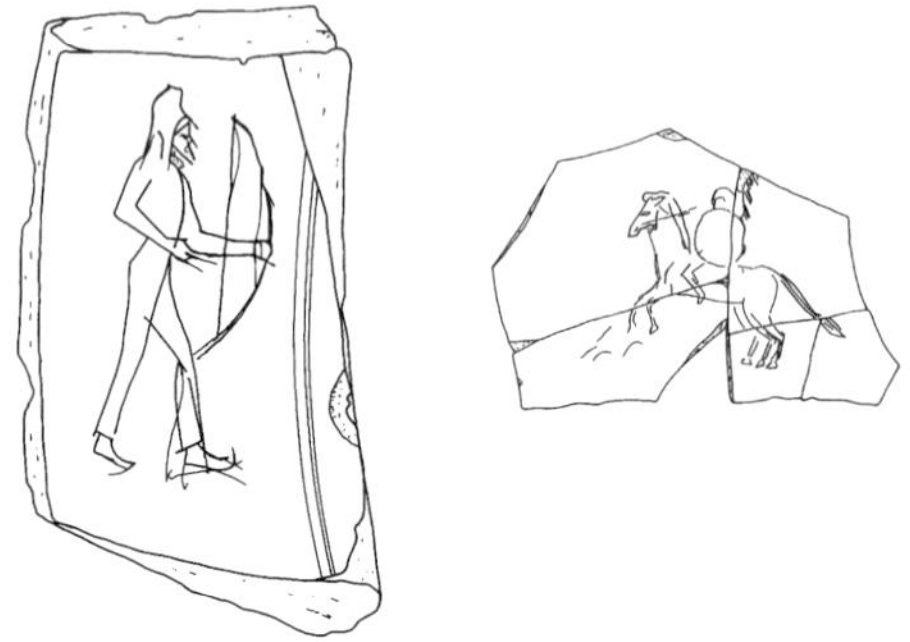

図2-13　陶片に描かれたいたずら描き(模写).弓を構えたペルシア軍兵士(左)と馬に乗った騎兵(右).

「メディア人の国からやって来たクラティオスの子カリアス」

ダティスはマラトンの戦いの時のペルシア遠征軍司令官。「メディア人」とはペルシア人のことである。カリアス票の裏には、ペルシア兵が弓を構えるいたずら描きがある。いたずら描きはほかにもあり、メガクレス票の裏に騎兵の馬上姿を描いたものもある(図2-13)。馬を何頭も飼えるほどの富裕者に対し、庶民が向けるきびしい視線を物語る。

「ミルティアデスの子キモンは、エルピニケを連れて出て行け」

と書かれているのは、キモンが実姉エルピニケと近親相姦の関係にあるという悪い噂を真に受けたもの。異母・異父きょうだいの結婚は許されていたが、両親を同じくする二人の結合はタブーであった。

だが、当時の人びとの願いをもっとも切実に伝えるのは、

「オレは飢餓(リモス)を追放したい」

と書かれた票だろう。「飢餓」とだけ書かれたものもあり、こうした「飢餓」票は七枚見つかっている。無効票になることを承知で刻まれたこの陶片は、穀物を自給できず、輸入に多くをたよるアテナイ人の生活が、つねに飢えの恐怖と隣りあわせであったことを、何より強く訴える。

陶片追放の意義

陶片追放は、陶片というモノによって民衆の意思をはっきりと可視化し、エリートに突き付ける手段として、きわめて有効であった。自分の名前の刻まれた陶片が、目の前で山と積みあげられてゆくのを見たエリートは、国家権力が民衆の手中にあるという現実を、あらためて思い知らされたのである。

党争のエスカレートを未然に防ぐのが目的であったとすれば、陶片追放は本来の役目をまことによく果たした。党争は、政敵本人のみならずその一族の追放や殺害、財産没収という深い傷を社会に残し、また排斥された側がやがて政権を奪還すると、今度は相手側を根こそぎ排斥するという復讐の連鎖を生む。その回避のため考え出された制度が、陶片追放であった。本人の財産没収や一族の追放をともなわず、また有為な人材はふたたび故国に迎え入れた点にも、それはよく表れている。陶片追放は、政争がポリスに与えるダメージを最小限に抑え、市民団の統合と安定に寄与したと言うべきであろう。

その陶片追放は、ペロポネソス戦争最中の前四一五年、ある人物を追放したのを最後として、二度と用いられなくなった。なぜそうなったのかは、次章でその後のアテナイがたどった経緯を語るなかから明らかにしてみよう。

第3章 試練と再生

復元された三段櫂船オリュンピアス号.

1　ペロポネソス戦争と迷走する政界

開戦と籠城

前四三一年五月末、麦の穂が熟すころ。スパルタ王アルキダモス二世にひきいられたペロポネソス同盟の大軍は、西部の国境を越え、アッティカ領内になだれをうって侵攻を開始した。全ギリシア世界を二分して二七年間続く、ペロポネソス戦争の勃発である。

デロス同盟による拡張政策を推し進めてきたアテナイは、圧倒的な海軍力にものを言わせ、前五世紀なかばには、エーゲ海とその周辺に海上覇権を確立した。さらにギリシア本土西岸にまで支配を広げようとするその動きに、もう一つの覇権国スパルタの忍耐は限度を超え、ついに両国はそれぞれの同盟国を巻き込んで、正面からの開戦に踏み切ったのである。諸国の民主派と貴族派はそれぞれアテナイとスパルタに支援を求め、各地の党争は両国による代理戦争の様相を呈した。

開戦の直前、ペリクレスの戦略に従い、田園部のアテナイ市民たちは住みなれた故郷を捨て、家族や家財もろとも城壁内の市街地に大挙して避難していた。アテナイ市街と外港ペイライエウスを結ぶ長城壁、それに強大な海軍が健在な限り、たとえ田園部を放棄しても、食糧と同盟貢租金の輸送路は確保され、戦争は継続できる。そのようにペリクレスは踏んだのである。

奴隷や家畜を連れ、家の柱まで荷車に載せて運んできた農民たちは、市内のいたるところに小屋がけし、慣れぬ都会での露天暮らしを始めた。こうして約三〇万もの人びとが、アテナイ市内、港およびその周辺の、城壁で囲まれたせまい市街地にひしめいていた。

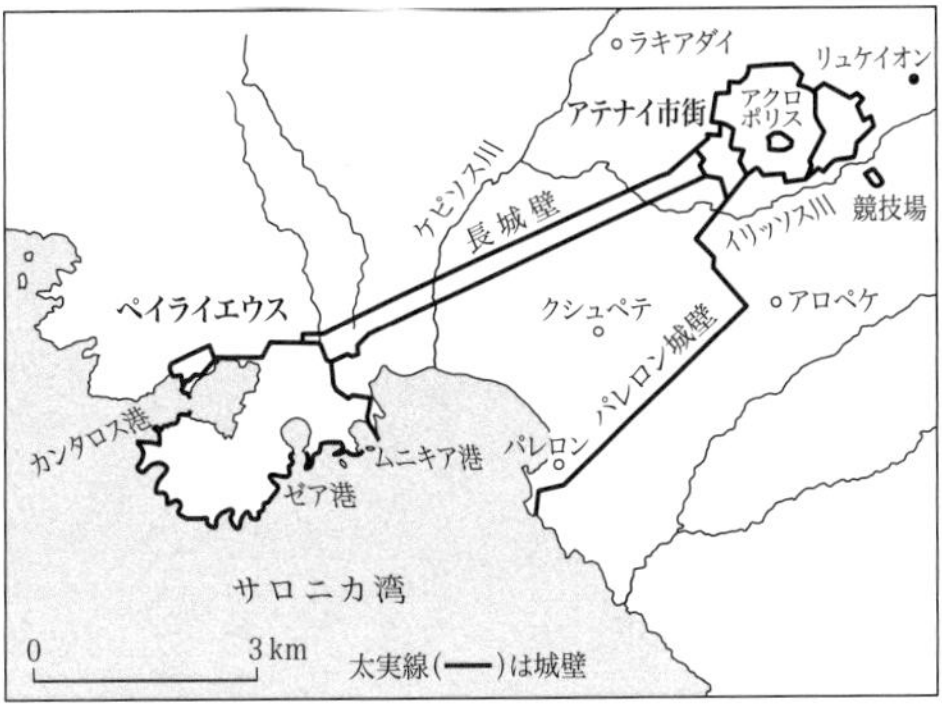

図 3-1 アテナイ市街とペイライエウス港をつなぐ城壁.

侵入したスパルタ軍は、市民たちが城壁の上から望見するなか、愛する故郷の耕地をこれ見よがしに破壊しはじめた。オリーブやブドウの木は切り倒され、刈り取るばかりになっていた麦は火を放たれた。ペルシア戦争の痛手からようやく立ち直ったばかりの農民たちには、胸をえぐられる光景であった。

城外に撃って出るべしという市民たちの悲痛な声を、ペリクレスはかろうじておさえ、逆に敵方の留守をついてペロポネソス半島沿岸を一〇〇隻の軍船で攻撃した。侵入から五週間後、破壊略奪の限りを働いたスパルタ軍は、糧食が尽き、引きあげていった。

開戦一年目の夏は、このようにして終わった。市街地近郊は焦土と化し、家々は無残に破壊された。開戦前から続いていたエーゲ海北岸への遠征には、莫大な戦費が国庫から流出していた。戦死者の国葬がケラメイコスで行われ、人びとが悲しみに耐えつつペリクレスの葬送演説に耳を傾けたのは、続く冬のことであった。話はようやく本書冒頭の場面にたどり着く。

疫病

翌前四三〇年夏、アルキダモス王はふたたび侵入し、前年にもまして甚大な破壊を耕地に加えた。寇掠《こうりゃく》はアッティカ全土におよび、城壁外のほぼすべての領土がスパルタ軍に蹂躙され、焼かれた。

ところがその直後、敵の侵略よりもはるかに忌まわしい運命が、アテナイ人を襲った。経験したことのない疫病が、外港ペイライエウスからすさまじい勢いで市内に広がり出したのである。

突然の発熱に始まる謎の疫病は、激しい咳と嘔吐、痙攣へと症状が移った。多くの患者は高熱のため六〜八日後に死ぬが、それが峠を超えても、今度は激烈な下痢で衰弱する。感染力は強く、看病する医師や家族にもたやすく伝染し、そのため多くの病人が見捨てられた。

人口の過密と劣悪な衛生環境のなか、露天で生活する人びとのあいだに、疫病は容赦なく広がった。患者はばたばたと死んでいった。病人たちは救いを求めて泉水や神殿に集まり、周囲に死体の山をきずいた。死亡率はきわめて高く、市民の三人に一人が死んだという。未曽有の疫病の惨禍に、人びとはなすすべがなかった。医者も薬も神々への祈りも、ことごとく無力であった。

疾病史上に残るこの疫病の正体については、発疹チフス、中毒性ショック症候群、ツラレミア、天然痘、はしか、エボラ出血熱、猩紅熱、デング熱、そして未知の伝染病など、諸説枚挙にいとまがない。だが当時の犠牲者の遺骨から採取されたＤＮＡの分析により、二〇〇六年に腸チフス説が発表され、以来有力説となっている。

疫病は二年間猛威をふるい、さらに前四二七／六年冬にも第二波が襲って、ふたたびおびただしい人命を奪い去った。国土を敵に破壊されたアテナイ市民は、それを上回る惨劇に見舞われたのである。

死がもたらしたもの

疫病は、筆舌に尽くしがたい惨禍をもたらした。全人口の三分の一が短期間に死滅したことは、まず戦力をいちじるしく低下させた。歴史家トゥキュディデスによると、最大一万人動員できた重装歩兵のうち、第二波収束までに四四〇〇人が死んだ。ほぼ半減である。騎兵からは三〇〇人、下層市民からは確認できぬほど多数の死者を出した。

大量死は、アテナイ人の心のあり方にも深刻な影響をおよぼした。とりわけ死者が埋葬されず、日常的に野ざらしとなったことは、死の事実そのもの以上に彼らの倫理観に大きな打撃を与えた。

ギリシア人にとって、死者を丁重に埋葬することは、神の定めた倫理であった。ソポクレス悲劇の女主人公アンティゴネが、戦死した兄を叔父クレオン王の禁令に背いてまで埋葬したのは、それが「不文なれどゆるぎなき神々の掟」だったからである(『アンティゴネ』四五四〜五行)。適切な葬礼を怠れば、遺族のみならず、ポリス全体が神々の怒りを買う。逆に大罪人の遺体はアッティカ領内に埋葬が許されず、国境外に取り捨てられる定めであった。

疫病の流行で市民たちが目にした光景は、こうした伝統的な宗教観を根底からくつがえした。街路は、埋葬されぬ死体でみるみるうちに埋まった。神をも恐れぬあさましい行為が、日々人びとの目前でくり広げられた。火葬に使う薪材も不足し、なかには人の火葬壇をかすめ取ったり、まだ他人の死骸が燃えている上に、こっそり身内の死体を放り込んで立ち去る者もいた。

歴史家トゥキュディデスの鋭い視線は、ここからアテナイ人の社会規範が狂っていったさま

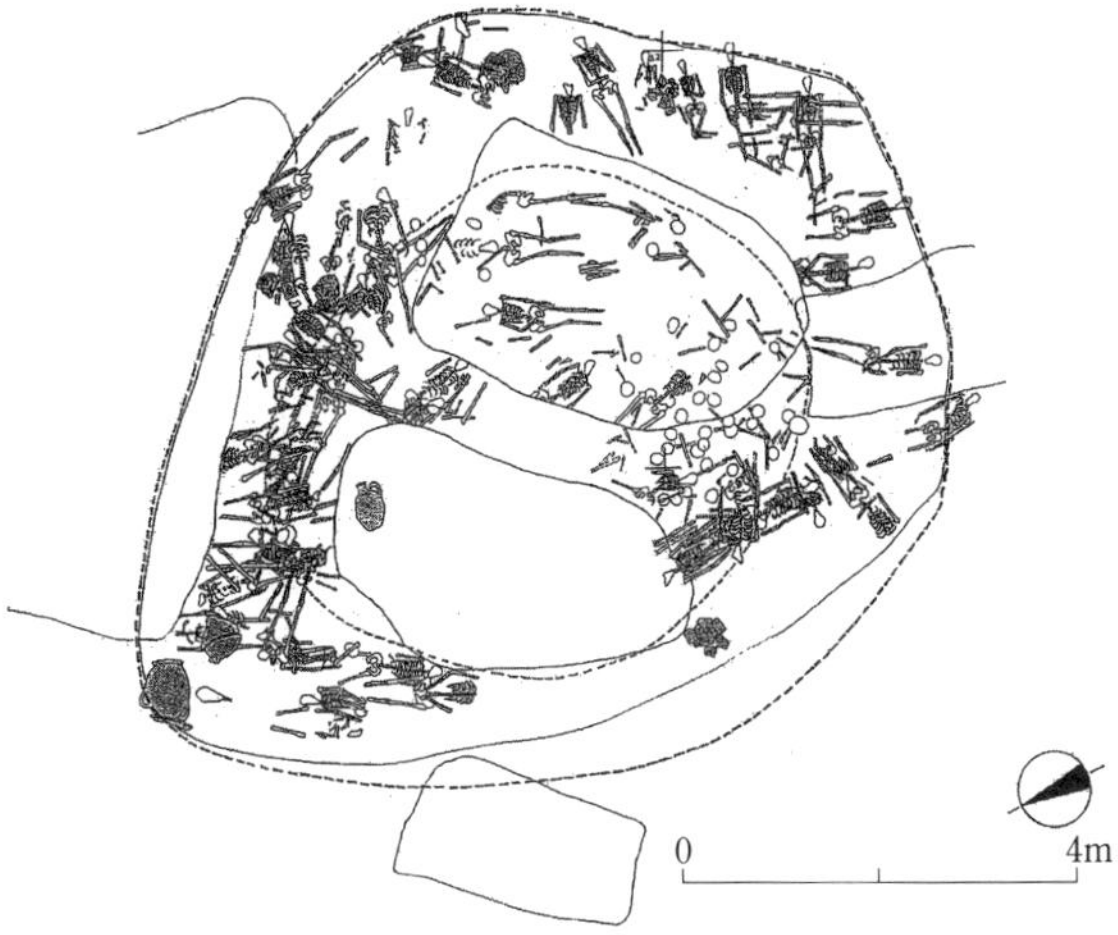

図3-2　疫病による死者の集団埋葬跡(平面図).

を見逃さない。「それまで人に隠れてやっていた欲望の充足を、今では誰もが公然と行ってはばからなくなった。(略)神々への畏怖も人間世界の法も、ことごとく抑制力を失ってしまった」(『戦史』二巻五三章)。神々の掟が踏みにじられるのを目の当たりにした市民たちは、あるいは自暴自棄になり、あるいはみずからの罪深さにおびえ、さらなる不安に駆られた。

遺体は語る

トゥキュディデスのことばがけっして誇張でないことを考古学的に証明するのは、一九九四年にアテネ市内の地下鉄工事中、偶然ケラメイコス地区で見つかった集団埋葬跡である。この疫病の犠牲者を葬ったと推定される遺跡で、墓というよりも、長径六・五メートルの大きな穴である。そこから一五〇人分の人骨がまとまって発見されたが、遺体は五層をなしてきわめて乱雑に折りかさなり、上の層ほど無造作に投げ込まれていた(図3-2)。先述のDNA分析は、これらの遺体の歯髄組織から採取された試料にもとづく。副葬品もわずかに見つかったが、どれも貧弱なものである。

おそらく一日か二日の突貫作業で、多数の遺体を埋めたらしい。上層で見つかった八人の子どもだけは比較的丁寧に葬った痕跡があるものの、それを除けば、遺体を「埋葬した」というよりも、「処理した」という表現がふさわしい。感染を恐れ、パニック状態であわただしく埋めたのだろう。人びとの混乱と恐怖を、何より雄弁に証言する遺跡である。

苛酷な処分

さてペリクレスは、その混乱のなかでみずからも疫病にかかり、前四二九年秋に死ぬ。「父性のシンボル」と呼ばれるような、厳父のイメージと威信によって民衆を導いてきた彼を喪ったことは、人びとから心の支えを奪い、その後の戦争指導に暗雲をはらませることになった。

代わって政界をリードしたのは、新興政治家のクレオンであった。彼は以前からの主戦論者で、同盟諸国に対する支配強化を激しく主張していた。また古くからの地主貴族の出ではなく、軍需品に欠かせない皮革産業の経営者であった。戦線が拡大すればするほど、彼の懐もうるおったのである。

さらに彼は、民会でのたくみな弁舌で民衆を引き付けた。将軍職の権威ではなく、民会における弁論を主たる武器に支持を得た点でも、クレオンは新しいタイプの政治家であった。演壇で着物をたくし上げてこぶしを振るう絶叫調の演説をした政治家は、クレオンが最初だと伝えられる。

クレオンの強硬策がもっともはっきりと現れたのは、前四二八年夏、小アジア沿岸にあるレスボス島の有力な同盟国ミュティレネが公然と離反し、スパルタ側に寝返ったときであった。驚いたアテナイ民会は、ただちに征討軍を送ったが攻めあぐね、ミュティレネがようやく降伏したのは一年後であった。

友邦として信頼していたミュティレネが離反したことに、アテナイ民会は激怒した。そしてクレオンの主張に従い、ミュティレネ人の成年男子をことごとく処刑し、女子どもは奴隷に売るという、きわめて苛酷な決議を下した。それまでギリシア人どうしの戦争ではありえなかった、血も涙もない処分である。処刑命令をもたらす船は、その日のうちに現地に向かった。

ところが翌日、アテナイ市民はこの処置をはやくも後悔し、再度民会を開いた。躍起になったクレオンは、ふたたび激烈な極刑論を唱えたが、申し開きに来ていたミュティレネの使節団と同情した市民たちが、必死に取り消しを会衆に嘆願した。挙手採決の結果はほぼ賛否同数となり、処刑を取り消す決議が下された。票が同数に割れたとき、被告を無罪とするのがしきたりだったからである（第2章3参照）。

ただちに取り消し命令を伝える第二船が送り出され、昼夜を分かたず全速力で急行した。同乗したミュティレネの使節は、漕ぎ手に多額の報酬を約束した上、ワインとオリーブ油で練った大麦の餅をふるまって、一刻もはやくたどり着くよう哀願した。船がミュティレネに着いたときには、まさに刑の執行が始まる寸前であった。最悪の悲劇は回避されたが、一〇〇〇名を超える反乱首謀者の処刑は執行され、レスボス島はアテナイの領土となった。

ニキアスの和約

やがて主戦論者クレオンが将軍に選ばれて遠征先で戦死すると、急速に和平の気運が高まる。前四二一年春、アテナイとスパルタとのあいだに五〇年の和平条約が結ばれた。和議を進めたアテナイ人政治家の名を取って、ニキアスの和約と呼ぶ。しかしその後も、たがいの同盟国のあいだに争いの火種がくすぶり、本物の平和は訪れなかった。

前四一六年夏、アテナイはデロス同盟加入を拒否するメロス島に遠征軍を送り、服属を要求する。しかし交渉は決裂、アテナイ軍はメロスの町を海陸から封鎖し、攻城戦に入った。

数ヶ月の後、メロスは無条件降伏した。アテナイ人は、一〇年前にミュティレネ市民に対し思いとどまった処置を、今度はためらいもなく実行した。捕虜となった成年男子市民全員を処刑し、婦女子を奴隷に売ったのである。のちにヘレニズム彫刻の傑作「ミロのヴィーナス」を生むことになるこの島も、こうして全島がアテナイの領有下におかれた。

シチリア遠征

続く冬、アテナイではシチリア島遠征のくわだてが、さかんに取りざたされるようになる。はるか西方海上に浮かぶ巨大な島シチリアは、穀物の一大生産地として知られた豊かな大地であったが、ギリシア人や異民族からなる諸ポリスが、以前からたがいに対立していた。アテナイは一〇年ほど前にその内部紛争に干渉し、レオンティノイはじめ同盟国に肩入れしたが(第2章1参照)、いったん和平が成り、手を引いていた。そのシチリアを征服する計画が、ふたたびもち上がったのである。

前四一五年夏、シチリア内紛に再度介入して遠征軍を送るか否かが、アテナイ民会での議論の焦点となった。遠征論を声高に主張したのは、父方母方ともに名門の血筋を引く若き貴公子であり、美青年としても評判のアルキビアデスであった。彼は、シチリアを征服すれば全ギリシア世界がアテナイに服従するだろうと言って世論をあおり、アテナイ人の征服欲を刺激したのである。

アルキビアデスは大地主の富裕市民であり（第2章1参照）、オリンピックの四頭立て戦車競技で優勝した華麗な経歴をもつ。だがその言動は大衆政治家というにふさわしく、美しい容姿と過激な弁舌で熱狂的支持を得た一方、内心では大衆を小馬鹿にもしていた。「民主政は公認の愚行である」とは、のちに端なくも彼自身の口からもれたことばである。アルキビアデスのトリックスター的なふるまいに、のちのちまでアテナイ市民は振りまわされた。

穏健派で和平の功労者ニキアスは強く反対したが、市民はかえって征服欲をふくらませた。彼らはシチリアを「永久に尽きることなき給与金の源泉」と信じ、征服すれば富がとめどなくアテナイに流入すると思い込んだのである。

ついに民会は、彼ら二人をふくむ将軍三名を遠征軍司令官に任命し、シチリア遠征を決議した。アテナイの軍船一〇〇隻、同盟軍もあわせた重装歩兵五〇〇〇名、その他弓兵・投石兵など、かつてない数の軍勢派遣も可決された。

不吉な事件

ところが、遠征軍がまさに出発せんとする直前、仰天すべき不祥事が起こった。アテナイ市街の家々や神殿の門口に立っていたヘルメス神石柱像の顔面を、何者かが一夜にしてことごとく破壊したのである。

石柱像(ヘルマイ)とは、旅人を守護するヘルメス神の頭部を彫刻した石柱で、道中の無事を祈願する神の像である。遠征の安全を守るはずの石柱像を無残に打ちこわした禍々《まがまが》しい行為は、国家反逆に等しい瀆神罪と受けとられた。たちまち市中は騒然となった。

つづいて、さらに戦慄すべき報告が民会にもたらされた。アルキビアデスら一部の富裕市民が、私邸で神聖なエレウシスの秘儀をまねた悪戯にふけっていると通報されたのである。豊穣と再生の女神デメテルとペルセポネを主祭神とし、アテナイ西方の町エレウシスで祭祀が行われる秘儀宗教は、入信が許された者に来世での永遠の幸福を約束するとされ、全ギリシア世界から信者を集めたが、その加入儀礼の中身については口外を一切禁じていた。厳粛な上にも厳粛なその儀礼をみだりに模倣する彼らの罪深さに、人びとは恐れおののいた。

図 3-3　ヘルメス神石柱像頭部. 前 5 世紀. アテネ, アゴラ博物館蔵.

国家あげての遠征軍派遣を目前に、たてつづけに起こった二つの冒瀆事件は、人心を動揺させた。アルキビアデスは犯人として告発されたが、民会で弁舌たくみに身の潔白を訴えたため、裁判は帰国後に延期され、遠征軍はともかくも予定どおり出発することとなった。

遠征軍壊滅

不吉な余韻を残しながら、空前の規模の遠征軍がペイライエウスの軍港から出撃していった。だが冬期には連絡に四ヶ月もかかると言われたシチリアは、あまりに遠い戦場であった。

一方アテナイ本国では、先の一連の冒瀆事件が人びとの疑心暗鬼をさらに誘発していた。事件の背景にはスパルタに手引きされた民主政転覆の陰謀があると疑われ、次々にもたらされた密告により一〇〇名近い市民が告発されるという、政治的大パニックに発展したのである。市民は目に見えぬクーデターの影におびえ、市中は武装した市民たちによって厳戒体制下におかれた。首謀者として嫌疑が深まったアルキビアデスは、シチリアから召喚して裁判にかけることになった。

図 3-4　ペイライエウスのムニキア軍港から出港する三段櫂船(想像図).

ところが危険を察知した彼は帰国の途次、脱走して姿をくらまし、よりにもよってスパルタに逃げ込んだ。そして逆にスパルタ首脳部に働きかけ、シチリアの反アテナイ勢力を援助し、アテナイとの戦争を再開するようけしかけた。自己愛と自己顕示欲の強いアルキビアデスは、保身のため祖国を裏切ることに、さして痛痒を感じなかった。

翌年、補給を断たれ孤立した遠征軍からアテナイに救援要請が届いたが、ここでついにスパルタはシチリアへの介入を決意した。和平は破れ、アテナイとスパルタはふたたび本格的な戦争状態に突入した。焦ったアテナイは第二次派遣軍を投入するが、前四一三年夏、シチリアの強国シラクサの海軍にアテナイ軍は惨敗、ついに降伏した。

もともと遠征には反対であったニキアスをはじめ、投降したアテナイの司令官たちは、敵の手で処刑された。捕虜となった七〇〇〇名以上の兵士たちは採石場に閉じ込められ、多くが飢えと渇きに斃《たお》れた。無謀な遠征は、惨憺たる結末に終わった。

民主政転覆と四〇〇人政権

シチリア遠征の大失敗は、同盟国を次々に離反させた。戦線も、黒海からアテナイへの穀物輸送路に迫る小アジアやヘレスポントス海峡方面へと、じわじわ後退した。さらに、遠征軍が壊滅する少し前の前四一三年春、六度目にアッティカに侵攻したスパルタ軍は、郊外北部のデケレイアという村に要塞を築き、以後ここに常駐して夏冬を問わず跳梁跋扈し、耕地に思うさま破壊を加えるようになっていた（この作戦をスパルタに吹き込んだのは誰あろう、あのアルキビアデスであった）。その上スパルタは、アケメネス朝から巨額の軍資金援助を受けて多数の軍船を手に入れた。アテナイの敗色は、しだいにあらわになっていった。

ここにいたってアテナイでは、寡頭派（旧貴族派）の陰謀が頭をもたげはじめた。血統と富を誇り、民衆を蔑視する貴族主義の伝統が、息を吹きかえしたのである。富裕者は、戦時財産税を課されたり、軍船の艤装を私費で負担した上、みずからも船長として乗り組む三段櫂船奉仕（トリエラルキア）の義務を負わされるなど、累進課税的な戦費負担に大きな不満をいだいていた。彼らのあいだから、民主政を転覆し寡頭政を樹立して、一刻もはやくスパルタと和議を結ぼうとする陰謀が、ひそかに始まったのである。

民主政転覆のくわだては、あっけないほど簡単に成功した。前四一一年六月はじめ、アテナイ市の北西郊外にあるコロノスの丘で民会が開かれ、寡頭派の提議によって民主政の廃止が決議された。たまたま下層市民の大多数と民主派の政治家たちは、海軍とともに小アジアのサモス島に出かけていて不在であった。寡頭派は、そのすきを突いたのである。市内ではなく郊外を議場に選んだのも、都市下層民の出席を極力はばむ策略であった。かくて民会は富裕者が比較多数を占め、その賛成票で民主政廃止があっさりと可決されてしまった。合法的な手続きをよそおった、事実上のクーデターであった。

寡頭派がこの民会で主張したのは、寡頭政になればペルシア王が軍資金を提供してくれるだろうという、根拠薄弱の希望的観測であった(これを寡頭派に吹き込んだのも、当時小アジアに潜伏していたアルキビアデスだった)。首謀者のなかには、ソクラテスの弟子でプラトンの対話篇にも登場するクレイトポンも名を連ねていた。だが陰謀全体のシナリオを描いた黒幕は、鋭利な法廷弁論の作者として名高い、寡頭派イデオローグのアンティポンであった。五〇〇人評議会は解散され、代わって寡頭派からなる四〇〇人評議会が国家を支配下においた。四年前に恐れた民主政転覆が、現実のものとなったのである。

しかしこの四〇〇人政権は、長くは続かなかった。ペルシアからの資金獲得も、スパルタとの和平交渉も、ともに失敗したからである。海戦でも敗退を重ね、その上アテナイに食糧を供給していたエウボイア全島が離反するにいたって、はやくも同年の秋、寡頭政は崩壊した。国制は五〇〇〇人の有産者に参政権を与える中間政体をへたのち、翌前四一〇年夏に民主政が完全に復活した。

アルギヌサイ裁判

その後やや戦勢を盛り返したアテナイは、前四〇六年八月はじめ、全力で戦局の逆転を試みた。小アジア沿岸の制海権をかけ、海軍の総力をあげてスパルタ側に決戦を挑んだのである。

将軍八名が指揮するアテナイ側の軍船一五〇隻、スパルタ側は一二〇隻、両軍の乗員戦闘員あわせて推定四万人近くの将兵が、レスボス島近くのアルギヌサイ群島付近で激突した。

多数の三段櫂船が衝突しあう激闘は、長時間におよんだ。やがてアテナイ艦隊は右翼で敵陣を撃破、スパルタ軍司令官は海中に転落して行方不明となり、ついにアテナイ海軍が勝利を手中にした。しかし損害も大きく、海面は軍船の残骸や戦死体で埋めつくされ、生き残った多くの将兵は木片にしがみついて救助を求めていた。

ところがこの直後、勝利者であるアテナイの将兵を、思いもかけぬ悲運が襲った。天候が急変して季節外れの暴風雨が吹き荒れ、またたくまに彼らの多くを海のもくずと消し去ったのである。

事の次第を知ったアテナイ民会は驚愕し、将軍たちを本国に召還して民会での弾劾裁判にかけた。将兵を救助しなかった責任を問うたのである。民会で将軍の弁明を聴いた民衆は、嵐による不可抗力の出来事だった事情が明らかになると、将軍釈放に意見が傾きかけた。しかし日暮れになって挙手が判定できなくなり――日没まで民会の審議が続くのはきわめて異例である――議論は次の民会にもち越された。

だが、しばらくして開かれた二度目の民会では、議場の空気が一変していた。あたかも秋のアッティカ各地では、市民団の下部組織で擬制的血縁集団であるプラトリアが、それぞれに年に一度のアパトゥリア祭の集会を開いていた。海戦の犠牲者が一人一人その席で追悼され、それがあらたな悲しみと憤りを人びとの胸に広げたのである。再開された民会には、悲痛な雰囲気がはりつめていた。

評議会からは、亡命した二人を除く六名の将軍たちを一度の投票で死刑にせよという、無慈悲な提案が出された。ふたたび白熱した議論が展開された。評議会提案は違法であるとの異議申し立てが一部の市民から出されたが、被害者感情にあおられた多数による恫喝に遭い、取りさげられた。

次には議長が抵抗し、評議会提案を採決にかけるのを拒否した。しかしこれも会衆の脅迫に遭って、断念せざるをえなかった。その議長こそ、当時六〇代の老哲学者ソクラテスである。

結局民衆は、提案どおり将軍全員を一度の投票により処刑してしまう。しかしほどなくアテナイ市民は、有能な多くの将軍を一度にみずからの手で葬ってしまったことを、激しく後悔した。そして逆に、将軍たちの告訴にかかわった者を逮捕拘留したという。このアルギヌサイ裁判の顚末は、クセノポン『ギリシア史』によって後世に伝えられ、いわゆる衆愚政における群集心理の典型例と見なされることになった。

2　極限状況のアテナイ

過密と大量死

さて、一般にアテナイ民主政を衆愚政として批判する歴史観は、ミュティレネやメロスへの苛酷な処分やこのアルギヌサイ裁判など、ペロポネソス戦争中のいくつかの出来事を根拠にあげる場合が多い。というより、それ以外に根拠となる顕著な事例は、ほとんど見出せない。ここでしばらく、この戦争の特異性とアテナイ民主政の評価とのかかわりを考えてみたい。

ペロポネソス戦争中に、この種の事件が集中して起こったのはなぜか。ここで考えねばならないのは、二七年続いたこの大戦争が、アテナイ市民をいかに異常な心理状態に追い込んだかということである。

異常心理を生んだ原因として第一に考えられるのは、アテナイ市内の過密状態である。当時、城壁で囲まれたアテナイ市街の面積はわずかに二平方キロメートル、港町ペイライエウスも三平方キロメートルにすぎない。あわせて五平方キロメートルばかりの市街地に、かりに一時にせよ三〇万人もの人びとが避難してきたとすれば、その人口密度は現在の東京二三区の実に四倍となる。長城壁とパレロン城壁にはさまれた領域をあわせても計一七平方キロメートルほどにすぎず、その場合でも人口密度は東京二三区を上まわる(図3-1)。

高層住宅や上下水道などない時代に、おびただしい数の人びとが、しかも短期間にひしめきあって暮らすようになったことは、とくに下層市民たちの生活水準を一気に低下させ、彼らのなかにどす黒い不満を鬱積させた。とりわけ戦争後半、デケレイアに要塞が築かれ、常時敵軍がアッティカ領内を跋扈するにいたると、市民たちはつねに城壁内に籠城せねばならず、過密は常態化した。その心理的ストレスは、想像を絶するものだったはずである。それに加え、完全に輸入に頼らねばならなくなった食糧の供給は、しばしば滞った。「飢餓を追放したい」と刻んだ陶片は、飢えに瀕したアテナイ市民の痛切な叫びでもあった。

異常心理をもたらした第二の原因は、戦争と疫病による大量死である。開戦直前の成年男子市民人口は、かつては三〜四万人と見つもられていたが、今日では五〜六万人とする説が有力である。それだけあった人口が、戦争が終わってみると二万五〇〇〇人程度に激減していた。一挙に半数が消滅したことになる。驚くほどの大量死である。

とりわけ疫病による大量死は、予想だにせぬ突然の不幸だった。身のまわりでばたばたと人が斃れ、しかもろくに埋葬もされぬことは、すでに述べたように深刻な倫理的打撃を彼らの心の深層に与えた。加えて女性たちには、夫や息子を戦場で失うという悲嘆が追い打ちをかけた。

奪われた日常

第三の、そしてもっとも深刻な原因は、都市部に避難した多くの市民たちが、それまで田舎ではぐくんでいた社会的なつながりを、いっぺんに奪われてしまったことである。顔見知りどうしの地域社会に代々住む田園部の農民たちは、地元の濃厚な地縁血縁に支えられて生きていた。それがペリクレスの戦略で突然に地域社会から切り離され、大都会の生活に放り込まれたことは、村人たち、とくにそれまで都会を見たこともなかった大多数の女性たちから、日常の感覚を奪い去った。トゥキュディデスは彼・彼女らの悲しみを、次のように描く。

家屋敷を捨て去り、太古の国制以来絶えることなく守ってきた父祖の祭祀を放棄して、これまでの生活様式一切を改め、めいめい自分自身のポリスにも等しい故郷をおき去りにすることには、誰もが意気消沈し、耐えがたいことに思った。(『戦史』二巻一六章)

次章でもくわしく述べるが(第4章1)、地域社会のなかには無数の小さな神域があり、先祖伝来の祭祀を共同で行うことによって、村人たちは、たがいのつながりを確かめながら生きていた。その祭祀一切を捨てて都会に出てくることは、神々が善しとする秩序から放り出されることを意味し、彼らの宗教的・心理的な支えを奪ったのである。

たしかに戦争中、民会がときに一過性の情動にまかせて判断を迷走させたことは明らかである。しかし、このような非日常の極限状況におちいったアテナイ市民が、往々にして判断を誤ったとしても、それは無理もない話であった。彼らの迷走は、民主政そのものの本質からではなく、大戦争が生み出した異常性から説明されるべきだろう。

歴史家の偏見

もう一つ考慮に入れねばならないのは、ペロポネソス戦争を描いた二人の歴史家の偏向性である。トゥキュディデスとクセノポンの歴史書は、権威ある古典として西欧で二千数百年も尊重されてきたが、それは他方で、彼ら固有の偏見を見落とす結果にもつながった。

『戦史』のなかで、疫病とその社会的影響には冷徹な観察眼を向けた史家トゥキュディデスだが、それとは対照的に、政治家クレオンに対しては、嫌悪感をむき出しにしてはばからない。そしてしばしば偉大な政治家ペリクレスと対比させて、クレオンを下品で煽情的なポピュリスト政治家として描く。

だがトゥキュディデスには、まず個人的にクレオンを憎む理由があった。前四二四／三年冬、トゥキュディデスは将軍としてエーゲ海北岸の町アンピポリスの救援におもむくが失敗、町は敵の手に落ちる。彼は本国での欠席裁判でおそらく死刑の判決を受け、以後終戦まで亡命生活をしいられた。裁判はクレオンが主導権を握っていた時期にあたり、判決も彼の影響下で下されたらしいから、トゥキュディデスが彼に恨みをいだくのも当然であった。

キモン一族や外国の王族と血縁のある名家出身のトゥキュディデスには、クレオンの政見そのものよりも、演説のことばづかい、身ぶり手ぶりの不作法が、見るに耐えないのであった。彼などにはクレオンが、ホメロス描く卑賤な平民テルシテスと二重映しに見えたのであろう。新興エリートであるクレオンは、トゥキュディデスのような保守的な貴族からは、鼻持ちならぬ成り上がり者と蔑視されたのである。

トゥキュディデスによるクレオン像は、「無知な大衆を煽動し迷走させるデマゴーグ」というう、近代にも継承されるイメージを生み出したが、それは明らかにゆがんでいる。「煽動政治家」と訳されるデマゴーグということばは、本来「民衆指導者」を意味する中立的な語であった。その意味で、最初にしてもっとも偉大なデマゴーグは、むしろペリクレスであったとも言えよう。クレオンはその範を踏襲したにすぎない。トゥキュディデスはクレオンの卑賤とペリクレスの高貴をことさらに対比させるが、弁舌を武器に民衆の支持を得たという点では、二人の政治家のスタイルに大きな差はない。

ゆがんだ歴史像と言えば、それはアルギヌサイ裁判を記録したクセノポンにもあてはまる。彼は騎士級の富裕市民で、二〇代のころソクラテスに出会って影響を受けたのち、何らかの理由でアテナイを追放となり、生涯を外地で過ごした。スパルタの熱烈な賛美者であったことから、その歴史記述『ギリシア史』は、トゥキュディデスよりもさらに独善的な価値判断に偏り、教訓的性格が強い。

アルギヌサイ裁判での民衆を「衆愚(オクロス)」という強いことばで非難していることからも、クセノポンが確信的な寡頭主義者であることがわかる。刑死した師ソクラテスを正義の闘士として弁護する立場からも、この裁判をことさら異常なものとして描き出したかったのであろう。

多くの将兵が海の底に消え、故国の土に適切に埋葬されないことへの市民たちの憤りは、ギリシア人の宗教観に照らせば、けっして不条理とは言えない。彼らを突きうごかしたものは、遺族の被害者感情以上に、「埋葬されない死」が神々の怒りを買い、国家を破滅に導くことへの恐れと不安であった。クセノポンは、こうした背景には口をつぐんでいる。

戦争が生む残虐

要するに、この大戦中アテナイで起こったかなり特異で例外的な現象が、民主政に好意をもたぬ二人の歴史家に潤色されて後世に伝えられたことは、アテナイ民主政を衆愚政と断罪する歴史観の形成を、かなりの程度決定づけたと言えるだろう。

実は、アテナイ人がミュティレネやメロスの市民に示した残忍な態度は、敵国スパルタ人の側にもあてはまる。たとえば前四二七年夏、アテナイの長年の同盟国であり、敵地ボイオティア地方で唯一孤塁を守っていたプラタイアが、四年の攻城戦の末ついに降伏した際、スパルタの下した冷酷な処置がよい例である。彼らは降伏したプラタイア市民二〇〇人を即決裁判で死刑に処し、婦女子はすべて奴隷に売り、城市は建物の礎石にいたるまで徹底的に破壊した。

二七年におよぶペロポネソス戦争は、激しさを増すうちに伝統的な戦争法規を踏みにじり、敗戦国民を皆殺しにするなど、かつてない残虐行為を生み出した。それはどの交戦国にも等しく起こったことで、アテナイ民主政に限られた現象ではない。逆に、ペロポネソス戦争以外の時代のアテナイにこうした異常事態を見出すのは、むしろ困難である。同戦争中の出来事を除けば、一八〇年続いたアテナイ民主政の支配は、きわめて安定したものであった。古代にはよく起こった都市暴動も、民主政下ではほとんど見られなかった。

ときに迷走を見せたにせよ、アテナイ民主政全体の評価については、フィンリーから次のことばを引用すれば十分であろう。「アテナイ民主政も誤りを犯しはした。一体、統治制度で誤りを犯していないものがあるだろうか。（略）アテナイ人たちは致命的な誤りをけっして犯してはいない。だから、それでいいのではなかろうか」（『民主主義――古代と現代』柴田平三郎訳）。

3　敗戦・虐政・和解

降伏

話を戦争のなりゆきにもどそう。アルギヌサイの海戦では勝ったものの、アテナイの勢力圏は、なおじりじりと追いつめられ、とうとう戦線は穀物輸送の生命線であるヘレスポントス海峡にまで後退した。

前四〇五年秋、最後の戦いは、海峡のヨーロッパ側にあるアイゴス・ポタモイの地で行われた。それは決戦とも呼べぬ、あっけない幕切れであった。虚を突かれたアテナイ軍は、脱出した数隻を除くすべての軍船を、敵将リュサンドロスにそっくり捕獲されてしまったのである。

敗北の知らせは、かろうじて逃れた快速船パラロス号によって、ペイライエウスの港にもたらされた。悲嘆の声は街路に満ち、敗報は人びとの口から口へと伝わってまたたく間にアテナイ市中に届いた。

すべての海軍を失い、穀物の輸入を断たれたアテナイは、手足を奪われたも同然である。男は皆殺し、女子どもは奴隷に売るという、かつてメロス島民に加えた仕打ちを、今度は自分たちがこうむることを恐れた市民たちは、その夜一睡もできなかった。

陸海両面からスパルタ軍に封鎖されたアテナイでは、やがてほんとうに餓死者が出はじめた。ついに翌前四〇四年四月、アテナイはスパルタに全面降伏した。リュサンドロスの軍はペイライエウス港に進駐し、市内と港市を結ぶ長城壁は取り壊された。アテナイはすべての海外領土を失い、デロス同盟は解体され、「フクロウの帝国」はここに消滅した。

三〇人政権と恐怖政治

降伏から間もなくして、同年夏、スパルタ進駐軍の圧力を背景に、ふたたび民主政は転覆された。寡頭派指導者三〇人に全権を委ねる極端な寡頭政が成立したのである。これを三〇人政権と呼ぶ。

前回の四〇〇人政権が、まがりなりにも法にもとづく統治を標榜していたのに対し、三〇人政権は国制上の合法性をまったく欠いた、事実上の集団独裁政であった。アテナイをスパルタの傀儡政権にしようともくろむ進駐軍司令官リュサンドロスの思わくが、それをあと押しした。

のち「三〇人僭主」とも呼ばれたこの過激な寡頭政は、長く忌まわしい記憶として残る恐怖支配であった。最初のうちは「父祖の国制」を復活させると称し、富裕者に目ざわりな民主政の諸制度を廃止して支持を得ていたが、支配権を確立するや、三〇人政権は貪欲な殺人集団と化した。そして護衛隊三〇〇人の暴力装置を用い、民主派のみならず、また市民と在留外国人とを問わず、富裕者と見れば手当たり次第逮捕し、処刑した。財産を没収し、みずからの懐に入れるためである。

逮捕された人びとは、アゴラ北の「彩画列柱廊」で即決の判決を受け、牢獄に連行され毒杯を飲まされた。犠牲者は、わずかのうちに一五〇〇名にも上った。一五〇〇名と言えば、当時の富裕市民の全人口にほぼ等しい。大量処刑が敗戦後のアテナイの人的資源と経済活動に与えた打撃は、甚大であった。

青年プラトンの迷い

三〇人政権の首領は、先祖をコドロス王家にさかのぼる貴族のクリティアスという人物であった。彼はソクラテスの弟子であり、叙情詩や悲劇も創作したインテリであったが、政治的にはスパルタの国制に心酔していたらしい。「三〇人」という数字は、偶然かもしれないが、スパルタ長老会の定員数と一致する。

哲学者プラトンにとって、クリティアスは母の従兄弟にあたる。また母方の叔父で対話篇の題に名を残すカルミデスも、三〇人政権の中枢に加わっていた。その縁故から、このとき二四歳だったプラトンは、政権に参画しないかとしきりに誘いを受けたという。

何人ものアルコンを輩出した名門貴族の血を、父方母方双方から引くプラトンは、誘いにこそ乗らなかったものの、三〇人政権にはおおいに期待するものがあった。プラトン晩年の回想をつづった『第七書簡』では、「彼ら(三〇人)がきっとこの国を、邪悪な生活から正しい状態へと導いて統治してくれるだろう」と信じていた、と告白している(三二四D)。

だが、その期待もたちまち裏切られた。当代髄一の知的エリートをそろえた三〇人政権が統治のために用いたのは、知性でも論理でもなく、むき出しの暴力であった。暴君集団と化した三〇人は、おのおのの権力欲と金銭欲を満たした以外には、敗戦で痛手をこうむったアテナイに、さらなる塗炭の苦しみを与えたにすぎなかった。

彼らはしばらくすると、市民から武器を取りあげた。そして登録された三〇〇〇人(つまり三〇人の一〇〇倍)以外の市民を、独断で処刑する専権を手に入れると、恐怖政治は頂点に達した。三〇〇〇人の登録にもれた市民たちはアテナイ市内から追放され、ペイライエウスに逃れた。事態を目の当たりにしたプラトンは深く失望し、「以前の国制(民主政のこと)が、黄金のように輝いて見える」(同上)と認めざるをえなかった。

民主政回復

やがて翌前四〇三年春、海外から機をうかがっていた民主派の将軍トラシュブロスが帰国して、ペイライエウスの民主派と合流すると、民主政回復を目指す「ペイライエウス派」と、三〇人政権側の「市内派」とのあいだで内戦が始まった。ペイライエウス市内で行われた決戦でクリティアスとカルミデスが戦死すると、三〇人政権はあえなく崩壊した。

その後、あらたに軍勢をひきいて来たスパルタ王パウサニアスの調停により両派は和解し、同年秋、民主政が回復した。パウサニアスは、リュサンドロスの影響力が強くなりすぎることに危機感をいだき、民主政を支持する側にまわったのである。

結局このたびの寡頭政も、一年とは続かなかった。この結末は、戦争に敗れ「帝国」を失ってもなお、民主政の復元力の方がはるかに大きかったことを示している。民衆を烏合の衆と侮蔑し、血統と富にめぐまれた少数者による支配の復活を目指した寡頭派は、結局統治者として無能であることを、みずからさらけ出したのであった。

「悪しきことを思い出すべからず」

前四〇三年九月末、トラシュブロスら民主派はアテナイ市内に帰還し、残っていた旧寡頭派市民とのあいだに和解協定を結んだ。これは二度と政変を起こすことなく、市民団が民主政再建のためにふたたび力をあわせることを誓ったもので、アテナイの将来にとって決定的に重要な取り決めであった。

和解の条項は、意外にも旧寡頭派にきわめて寛大なものであった。彼らは希望すればエレウシスに移住することを許され、公民権も財産権も守られた。秘儀の聖地エレウシスには、すでに権力の座を追われた三〇人政権の残党が退去していた。当面エレウシスとアテナイとに分かれてではあるが、両派はアテナイ市民として共存する道を選んだのである。

さらに重要なのは、三〇人政権の首謀者たちを除き、旧寡頭派市民一般に対して大赦令を与えたことである。大赦令とは、そこに記された文字どおりには「何人も悪しきことを思い出すべからず」という誓約を、全市民が立てることであった。三〇人政権下で起こった忌まわしい出来事の記憶一切を抹消するということである。寡頭派の過去の犯罪行為を告発することは禁じられた。復讐の連鎖を断ち切り、市民団の分裂を回避するためである。

寡頭派が犯した殺人行為についても、「みずから手を下して」殺した場合を除き、やはり大赦令が適用された。これは三〇人政権に脅されて密告や協力をしいられ、意に反して多数の同胞の処刑に間接的に関与した一般市民を、被害者親族の復讐から救うためであった。

嫌いな人びととの共生

もちろん、親族友人を三〇人政権に殺され、財産を奪われた市民の怨恨が、そうやすやすと消えるものではなかった。記憶を消せと言われても、現実には無理な話である。兄弟が三〇人政権に殺され自分も財産を奪われた、富裕な在留外国人リュシアスは、寡頭派が「犯した罪の一つ一つについて、たとえ二度ずつ死刑になろうとも、なお十分な罰とは言えない」と訴えるほどの、激しい復讐感情をいだいていた（リュシアス『第一二弁論』三七節）。

だが市民たちは、あえて「悪しきことを思い出すべからず」という誓いを立てた。それは

「記憶の抹消」というフィクションを、全員が共有するという約束事なのである。これは、果てしなく復讐をくり返すのが党争の常道であったポリスにあって、きわめて例外的な解決であった。

これにはおそらく、八年前に四〇〇人政権が崩壊した際、寡頭派に手ひどく復讐したことへの反省があったのだろう。このとき民主派は首謀者アンティポンらを処刑し、遺体をアッティカ領外に取り捨てただけでは収まらず、さらに執拗に残党狩りをした。逃れた寡頭派は地下に潜伏して過激化し、やがて三〇人政権となって旧に倍する暴政を行った。復讐が復讐しか生まぬことを、アテナイ人は痛みとともに学んだのであった。

実際、アテナイ市民はこの大赦令をよく遵守したという。民主政に批判的なプラトンでさえ、この点に限っては賛辞を惜しまない。彼は先の回想に続けて、「政権が交替した以上、一方の党派が他方にいっそうひどく復讐したとしても、けっして不思議ではありませんでした。それなのに、このとき亡命から帰国した人たち(民主派のこと)は、おおいに公平な態度を取ったのでした」(『第七書簡』三二五B)とほめている。

現代であればこうした場合、まず過去の事実を徹底的に検証したのち、被害者の名誉回復と賠償という手続きを踏むところだろう。だがアテナイ人が行ったのは、過去を暴くことではなかった。彼らは復讐より統合を、過去を思い起こすことより未来に向けて歩み出すことを選んだ。ちなみに英語のアムネスティー(大赦)は、「記憶の抹消」を意味するギリシア語アムネスティアが語源である。

「民主主義とは、嫌いな人びとと共生する技術である」と言ったのは、エジプト出身で現代フランスを代表する政治学者Y・シュメイルである。アテナイ人は、このことばを文字どおり実践した。寡頭派への憎しみはけっして消えないが、それでも彼らは共生の道を選んだ。民主政は、やはりここでも統合の様式であった。

4 生まれかわる民主政

民主政を抱きしめて

二度の寡頭派革命とその失敗を目にしたアテナイ人にとって、前途に民主政しか生きるべき道は残されていなかった。カートリッジのことばを借りれば、彼らは今度こそしっかりと「民主政を抱きしめた」のである。

和解と大赦令を皮切りに、アテナイ人は民主政再建のための諸改革にいそいで取りかかり、数年のうちに達成した。前四〇三/二年をさかいにアテナイは、ときに暴走しかねなかった以前の民主政から、より成熟した民主政へと生まれかわったのである。戦争には負けたが、そのかわり長い籠城生活からも解放された。「帝国」を喪ったアテナイ人は、憑き物が落ちたように現実に立ちかえった。

まず彼らはこの年、今後の国制をどのような形にすべきかについて話しあった。そして、他国の外圧によってではなく、民会や民衆裁判所において自発的に議論することによって、民主政をこれまでどおり維持してゆくことに決めた。市民権を、民主政回復に協力した奴隷や外国人にも与えるべしとする(左派の)提案も、逆に土地所有者に限定すべしという(右派の)提案も、ともに退けられた。そして、アテナイ人の両親から生まれた自由人であれば、貧富にかかわらず市民権を認めるという、ペリクレスの市民権法の精神が再確認された。

和解から二年後の前四〇一年夏には、エレウシスに移住した市民たちとも再度の和解が成立した。アテナイは、名実ともに再統合を完成させた。

法の優位

法制も改革された。アテナイ人は四〇〇人政権が崩壊したころから、ソロン以来の諸法を整理し、時代にあわせ改訂する作業を進め、前三九九年までに完了した。そして、「成文法以外に統治の根拠を求めてはならない」という原則が確認された。クレタ以来の成文法主義が、ここに完成する。

その上で、戦時中に民会がたびたび迷走した反省から、民会の判断に一定の制約をかけるしくみが考え出された。つまり、今後永久に守られるべき一般的な成文法は「法（ノモス）」として、また外国との条約など一時的な国の決定は「民会決議（プセピスマ）」として区別され、前者が後者よりも優位に立つという原則を設けたのである。

民会決議は民会が可決するが、法は裁判員から随時抽選された「立法委員会（ノモテタイ）」が制定・改正することとなり、一度の民会決議で改廃される恐れはなくなった。これによって民会といえども法の規定にしばられ、いわゆる「多数の横暴」におちいることなく、理性的にコントロールされるようになったのである。

戦争中のアテナイ民主政は、たしかにクレオンやアルキビアデスのようにアクの強い政治家の個性に引きずられ、混乱することがたびたびあった。しかし成文法主義が確立し、法が民会の判断に優越するという原則が確認された結果、これ以後前四世紀末まで、法の支配により安定した統治が続くことになった。事実この間、クーデターのような政変は一度も起こらなかった。

民会で違法な提案をする政治家を訴えるため、「違法提案に対する公訴（グラペ・パラノモン）」という手続きが本格的に使われ出すのも、このころからであった。「法」が定義され、どの民会決議案が「違法」であるかも明らかになったため、政治家をこの公訴で訴えることが可能になったのである。「法」の優位を現実に保障するための制度であった。また政治家の収賄を弾劾裁判で訴えられるようにもなった。アルキビアデスのように無責任な政治家に、民会が振りまわされたことへの反省もあったのだろう。

最後の陶片追放

これとは対照的に、陶片追放は前五世紀の末、政治の表舞台から静かに姿を消した。話は少しさかのぼる。最後の陶片追放が行われたのは、シチリア遠征直前の前四一五年春であった。遠征の是非をめぐり対立したアルキビアデスとニキアスの両派は、たがいに相手を追放しようと票集めに奔走した。ところが投票直前になって突然両派は妥協し、逆に組織票をまとめて、ヒュペルボロスという小物の大衆政治家を追放した。事情をよく知らぬ一般市民から見れば、竜頭蛇尾の結末である。

この出来事を最後に、アテナイ人は二度と陶片追放の投票を行わなくなった。プルタルコスによれば、伝統ある陶片追放がつまらぬ人物の追放に用いられたことに嫌気がさしたからだという(『ニキアス伝』一一章)。ただし制度として廃止することはせず、毎年冬に陶片追放を民会の議にはかる慣例は、前四世紀末まで続いた(『アテナイ人の国制』四三章)。

「嫌気がさしたから」というのは、たぶん後世の人びとの想像にすぎない。むしろ無謀なシチリア遠征が悲劇に終わったあと、それを阻止できなかったことに陶片追放という制度の無力を覚《さと》った、というのが真相に近いだろう。

終始一貫無言で行われ、政治の争点が言論の形で表現されない陶片追放は、もはや時代おくれの制度であった。すでに世の中は弁論政治の時代に入っていたからである。政敵を訴えて法廷に引き出し、弁論で政争に決着をつけるという手法が、前五世紀後半から本格的に用いられるようになっていた。弾劾裁判や「違法提案に対する公訴」がそれである。いろいろな点で古拙な制度とも言える陶片追放は、こうして事実上役割を終えた。

図 3-5　牢獄跡．中央通路の両側に獄房が並ぶ．処刑もここで行われた．前 5 世紀なかば．

ソクラテス裁判

前三九九年に起こされたソクラテスの裁判と処刑も、歴史的に見るならば、アテナイ民主政の再出発という時代背景から理解せねばならない。

同年冬、ソクラテスは「不敬神に対する公訴」によって告訴された。ソクラテスが国家公認の神々を尊崇せず、新奇な神々を信仰し、かつ青少年を腐敗堕落させている、というのが告訴の理由だった。

訴えは、裁判員五〇〇人の民衆法廷で審理された。ソクラテスはみずから弁明に立ち、自分は神々を敬い、また青少年を善導しこそすれ堕落させた覚えはないと反論した。またアルギヌサイ裁判の民会議長として違法な採決に反対したことも、みずからの功績として主張した。

有罪無罪を決める一度目の票決では、二八〇対二二〇の僅差でソクラテス有罪となった。ところが量刑を決める二度目の弁論で、彼は情状酌量を懇願するどころか、自分が国家から受ける報いとして「迎賓館での晩餐招待」を要求してしまう。

迎賓館(プリュタネイオン)での晩餐招待とは、オリンピック優勝者などに国家が授与する最高級の栄典である。その言いぐさに、裁判員たちは仰天したはずである。彼らの心証を決定的に悪くしたことは疑いなく、法廷が侮辱されたと感じた人びとも多かったであろう。あとからソクラテスは前言をひるがえし、結局罰金刑を申し出たのだが、二度目の票決では(一説によれば)三六〇対一四〇の圧倒的多数で死刑と決まった。

恐怖政治の傷跡

ソクラテスの処刑は、アテナイ民主政最大の汚点として、近代以来の哲学史においてくり返し非難されてきた。無知な民衆の誤解が、聖人を真理への殉教に追いやった悲劇と解されたからである。一九世紀イギリスの哲学者J・S・ミルに言わせれば、それはイエスの磔刑とならび、「人類からの感謝にもっとも値する人に対して、犯罪者として死刑を宣告」した不正のきわみであった(『自由論』関口正司訳)。

だが哲学から見れば殉教であっても、彼に有罪票を投じたアテナイ市民の立場に立てば、この判決はけっして不条理なものとは言えない。

まず政治的な背景を考えると、ソクラテスが三〇人政権に近しい人物だと疑われていたことは明らかである。前四〇三年夏、「市内派」の一人として市中にとどまっていた事実は、彼自身否定しない。しかも彼の弟子たちのなかには、民主政に対する反逆者として名を連ねた人物が、あまりに多い。

たとえば四〇〇人政権の首謀者としては、先述のクレイトポンに加え、プラトンの対話篇『ラケス』に登場するメレシアス、そして三〇人政権の中枢にはクリティアスとカルミデスがいた。寡頭派とは言えないが、アテナイをシチリア遠征の悲劇に駆りたてた張本人アルキビアデスも弟子の一人である。「青少年を腐敗堕落させている」という告訴理由は、ソクラテスが彼らのような富裕者の若者を育て、結果として民主政の破局に導いたという趣旨である。

その上、ふだんからソクラテスが、役人の抽選制は不合理なものであり、また民会が「思慮の足りぬ卑賤な人間ども」の集会だなどと言って民主政を批判していたことは、周知の事実であった。苦難の末に民主政が復活して間もない前三九九年という時代状況を考えると、彼が民主政への忠誠心を疑われたとしても、不自然ではない。

裁判員のなかには、親子兄弟を三〇人政権に虐殺された者も多かったであろう。恐怖政治が残した心理的な傷は、まだ癒えてはいなかった。告訴側がこうした政治的な理由をあえて訴状の表面に出さなかったのは、大赦令に抵触することを恐れたからにすぎない。

古代人の宗教観

次に「神々を敬わない罪」についても、ソクラテスには嫌疑を受ける理由があった。裁判の四半世紀ほど前に上演されたアリストパネスの喜劇『雲』に、ソクラテスは自然科学者として登場し、雨はゼウスが降らせるものという庶民の通念をあたまから否定してみせる。ギリシア人の伝統的信仰心に背くこうした教説は、「国家公認の神々を尊崇しない」不敬神のふるまいと受けとられた。ソクラテスがときおり「小さい神霊(ダイモニオン)」からインスピレーションを受けると語っていたことも、国家の宗教から外れた「新奇な神々」への信仰だと疑われた。

ギリシア人にとって信仰とは、個人の内面にとどまる問題ではない。それはポリス全体の安危にかかわる公的問題であった。不敬神という宗教上の罪が、国家共同の利害にかかわる「公訴」で訴えられた理由もそこにある。

不敬神の行為は、それを犯す本人のみならず、ポリス全体にも災いをもたらすと信じられた。たしかにこの三〇年ほどのあいだ、疫病と大量死、シチリア遠征軍の壊滅、艦隊の海難、飢餓と敗戦、そして三〇人政権による虐政と、たてつづけにアテナイに降りかかったあまたの災厄は、信仰深い人びとにとって神々の怒りにほかならなかった。神をも恐れぬやり方で疫病の犠牲者を処理し、また石柱像と秘儀を冒瀆したことへの罪悪感は、人びとの心にいまだ重くのしかかっていた。民主政の再スタートにあたり、二度と神々の不興を買うまいと念じていた市民たちの眼には、ソクラテスの「不敬神」が、国家の将来をおびやかす許しがたい罪に映ったわけである。

政教分離を原則とし、信仰とは個人の魂の救済であると信じる西欧近代人にとって、こうしたアテナイ人の宗教観は——『哲学史講義』のなかでソクラテスの死刑判決を正当と認めたヘーゲルを希有な例外として——理解しがたいものだった。だからソクラテスの処刑は、不合理な「多数の専制」としか解釈されなかった。アテナイ人の無理解がソクラテスを殉教させたと考えた近代人自身、彼らの宗教観には実に無理解だったのである。

第4章

民主政を生きる

アゴラ掲示板復元図．前5世紀後半．掲示を市民が読んでいる．

1　村の民主政――地域社会の世界

区の社会

「生きるもの」であった民主政は、第2章で話したような立法・行政・司法の諸制度を見ただけでは、本当の姿を現さない。国家とはすなわち市民団であった時代に、民主政はアテナイ市民の社会生活にどのように根を下ろしていたのだろうか。本章では、ふたたび時代の推移からしばらく目を離し、制度の背景にある民主政の深層に焦点をあわせてみたい。

さて、アテナイにはさまざまな社会集団があり、個々の市民と国家とをつなぐ役割を果たしていた。私たちが家族や地域や会社の一員であるように、アテナイ人は部族やプラトリアといった、身近ないくつかのグループに所属することによって、国家の一員であることを自覚したのである。

こうした社会集団のうち、もっとも日常的に市民と国家を結んでいたのは、部族組織の最小単位である区であった。第1章2でも述べたが、区は古くから存在する自然集落で、田園部では村落や町、市街地では街区と呼ぶべき地域社会である。なかには港町ペイライエウスのように都会といってよい区も、また北部のアカルナイのように人口数千人という大きな区もあった。だが大多数は中小規模の集落で、平均的な区の成年男子市民は二〇〇~三〇〇人、家族や奴隷もあわせた全住民は一〇〇〇人前後だったであろう。

クレイステネスはこうした伝統的な集落を民主政の末端組織とし、「区(デモス)」と名づけた。デモスということばが、もともと「地方」「地域」ないしはその住民を指していたことに由来するが、同時にこのことばは「民衆」「市民団」ひいては「民主政」をも意味していた。事実、区の生活には、民主政のエッセンスが凝集していた。

ポリスのミクロコスモス

アテナイは例外的に大きな人口を抱えた国であり、それ自体はけっして「顔見知りどうし《フェイス・トゥ・フェイス》の社会」ではない。田舎の農民が首都アテナイの民会やアゴラに出てきても、見知らぬ顔ばかりだったであろう。村落に生活する人にとって、都会はなじみのうすい場所である。それにもかかわらず、なぜ市民のほぼすべてが、ひとたび評議員や役人や裁判員に選ばれれば、ただちに中央での民主政に参加できたのだろうか。

その一つの答えは、区が豊かな政治経験の場を提供してくれたからである。田舎の市民でも区の地方行政をとおして、ふだんから政治参加の体験を積むことができたのである。ポリスに民会や役人があるのと相似形を成すように、区には区民会や区役人があった。区の役人が抽選で選ばれ、その責任を区民会で問われるのも、国家とそっくりであった。いわば区はポリスのミクロコスモスであり、ミニチュア版の民主政である。民主政を「生きるもの」にしたのは、何よりも区での日常体験であった。

区の業務には、中央から請け負う国家の業務と、独自の自治行政とがある。どの区にも、最高官職である区長と全体集会である区民会があり、ほかにも財務官や書記などの役職が設けられていた。区は国家の末端組織であるだけでなく、独自の意思決定をする自治組織でもあって、場合によっては中央政府もその意思に従わなければならなかった。だから国家と区の関係は、支配・被支配ではなく、時計の大小の歯車のように、たがいに連動しあう関係であった。

市民権の認定・評議員の選出

区が国家から請け負う業務でもっとも重要なのは、区民の市民権を認定する市民権登録である。アテナイ民主政という大きな機械は、その一番小さな部品である市民の再生産と資格審査を、もっぱら区に委ねていた。

市民の家に生まれた男子は一八歳になると、父の本籍がある区の区民会へ連れてゆかれ、そこで一人前の市民としての資格があるかどうか審査を受ける。年齢のほか、父母ともにアテナイ市民の身分であるかどうかを査問されるのである。審査に合格すれば市民権を認められ、区が保管する「市民権登録簿（レクシアルキコン・グランマテイオン）」に名前を登録される。彼はまず地域社会に迎えられることによって国家の成員としての地位を得たのであり、その逆ではなかった。

次に重要な国家業務は、評議員をくじ引きで選出して中央に送ることである。評議員の定数は、各区の人口に比例して公平に割りあてられており、アテナイの地域社会を均等に反映していた。各区の定数は、評議員名簿碑文などを根拠に、今日ほぼ全容が解明されている。全一三九区のうち最大のものは先述のアカルナイで、定数二二人であるが、これは例外的に大きな区で、ほかには定数一〇人前後の区が一〇ほど、残りは一区で一〜数人の評議員を抽選した。

評議会は祭日を除く毎日、市内の評議会議場で開かれていたから、一年間通えば国家の中枢にかかわる仕事をひととおり経験したことになる。評議員は内外の状況についての情報を区にもち帰り、それにもとづいて区民は意思決定し、区の行政に役立てた。各種の国家の役人や裁判員も中央に送られたが、区にはっきりと定数が割りふられていたのは評議員だけであり、中央政府と地域行政をつなぐ重要なパイプ役だった。

区　長

区長はクレイステネスの改革時に創設された区の最高官職で、はじめ選挙で、のちには抽選で選任され、任期は一年である。

区長が国家から委ねられる仕事は、区民会の招集のほかに、市民権登録簿の作成と保管、戦時財産税など直接税の徴収、パンアテナイア祭のような国家祭典への参加などがある。区内で引き取り手のない死人が出た場合、その埋葬を引きうけるのも区長の役目であった。死体を埋葬せずに放置することは、神々の怒りを招くからである。

一方、区独自の自治行政も、区長ら区役人の重要な仕事である。もっとも重要なのは財政と祭祀である。区は独自の公有財産(現金資産や不動産)を所有しており、それを貸し付けて得る利子や賃貸料が区の主たる財源となる。不動産はたいてい神々が所有する神殿領で、耕作や放牧のために貸し出すのである。なかには採石場や劇場の賃貸収入でうるおう裕福な区もあった。他方支出は、祭典・供犠などの祭祀、そして公共建築にかかる出費であった。

ミニチュア民会

区民会は区民の成員総会で、国家の民会とまさに相似関係にあるミニチュア民会であった。区長が招集権をもち、同時に議長も務める。

先述の市民権審査がもっとも重要な議題だが、ほかにも区長など役人の選出、祭祀と財政の審議、役人の監督と責任追及、功績のあった人物の顕彰など、軍事と外交を除けば国家レベルで民会が行うことの大部分を、このかわいらしいミニ民会が決定した。採決方法も国家の民会とまったく同じである。通常は挙手で、個人の身分にかかわることは無記名秘密投票で、多数決による採決を行う。区民会の決議は、国家と同様、重要なものは碑文に刻まれて区内に建立された。区研究の重要な史料である。

アテナイ市外南方の沿岸に、ハリムスという小さな区があった。歴史家トゥキュディデスの出身区である。前四世紀なかばに開かれたハリムス区民会の様子をある法廷弁論が伝えているが、どのくらいの人数が区民会に集まったかが、そこからわかる(デモステネス『第五七弁論』八〜一六節)。

その日の区民会には七三名が集まったが、審議が長引いて日も傾き、夕方には老人たちが家に帰ってしまった。残ったのは三〇人くらいだったという。理由は不明だが、この区民会は区内でなくアテナイ市内で開かれており、暗くならないうちに家路につく区民も多かったのである。ハリムス区の成年男子市民は百数十名と推計されるので、半数程度の区民が出席したことになる。

区役人の責任

アテネ市内からバスに揺られて一時間ほど南へ行き、ヴーラという海沿いの静かな住宅街で降りると、古代の区の住居跡がある。かつてのハライ＝アイクソニデス区である。民主政時代には六人の評議員を出していた中規模の区で、街路や作業所の跡などが発見されている。なだらかな丘の上にある遺跡(アノ＝ヴーラ)は中心街らしく、住宅や神殿などが集まっていたらしい。現地を踏査すればわかるが、村というより町と呼ぶにふさわしい集落である。「ハライ」とは製塩所という意味で、海が近いこととも関係するかもしれない。

ここからやや南に離れたゾステル岬近くの海辺には、前六世紀末に建てられたアポロン・ゾステル神殿の遺構もある。濃紺の海を背景に白い大理石が映える美しい神殿である。女神レトがアポロンとアルテミスを出産したとき、この地で帯(ゾステル)を解いたという神話があり、区民のみならず各地から多くの参拝客を集めたのだろう。

図 4-1　ハライ＝アイクソニデス区遺跡(アノ＝ヴーラ).

前三六〇年ごろ成立した同区の区民会決議は、この神殿の神官が立派に神殿を修築し、神像を荘厳し、供犠を執り行ったことをほめたたえている。そして「その敬虔と正義のゆえに」月桂冠を授けて表彰しているのだが、その際、修築にかかった公費の「会計報告を区民会に提出したので」という表彰の理由も付け加えている。区民たちは神官を表彰する一方で、彼が区の公金を着服していないか、チェックの目を光らせていたことになる。

図 4-2　アポロン・ゾステル神殿跡.

この区に限らず、公金を扱う区の役人には、区民がきびしい責任追及の目を注いでいた。区は国家の制度をモデルに会計検査制度を発達させ、執務審査官や会計検査官を独自に設けた区もあった。

誤字だらけの碑文

ハライ＝アイクソニデス区は、有名な神殿があったせいか財政規模も大きく、役人の公金管理に対する監査がことにきびしかった。同区の別の民会決議によれば、区長たちは会計報告書を毎月「文書箱」に投入し、年度末には執務審査官がまとめて取り出し審査しなくてはならない。「文書箱」はおそらく施錠するなど勝手に開けられないしかけになっていて、そこに投じられた書類以外は無効とされる。裏を返せば、以前には帳尻をあわせた「表向き」の報告書を年度末に作文し、不正の発覚を逃れた役人もいたということだろう。

また別の決議碑文の断片には、「今後このようなことが本区で二度と起きないように」という、何やら意味深長な文言が読み取れる。かれこれ考えあわせると、この区では公金の管理をめぐる不祥事が以前から問題になっていて、対応に苦慮した区民たちが会計検査手続きの厳格化を決議したものらしい。

ハライ＝アイクソニデスから東に山越えした内陸部の区ハグヌスでも、前四世紀後半、やはり会計検査制度を厳格化する決議が成立し、任期を終えた前任区長の不正を執務審査官と会計検査官が共同で摘発している。

この決議に添えられた祭事暦によると、秋の鋤入れと播種の前に豊作を祈って行われるプレロシア祭では、区長が五〇〇ドラクマの公金でゼウスに犠牲獣を捧げることになっている。牛なら五～七頭分に相当する大きな金額である。祭祀はほかにもたくさんあったから、区長が預かる公金の年間総額は相当な金額だっただろう。それだけに区長の公金横領にはきびしい目が注がれた。

余談だが、この決議碑文は格調高く整った文章であるにもかかわらず、いたるところ誤字だらけである。文案を起草した人は公文書の書式に明るい教養人だったらしいが、悲しいかな、碑を刻んだ田舎の石工の識字能力が、それにはおよばなかったのであった。地方の文字文化を知る上でも貴重な史料である(ローズとオズボーン編『ギリシア歴史碑文選集』六三)。

祭祀と地域社会

祭祀は、区民たちに豊かな社会生活の場も提供した。

ギリシア人にとって宗教の核心は、供犠という行為である。祭壇で神々のために犠牲獣を屠《ほふ》り、肉を焼き、ともに食べる。それは人間が神々と交信する手段であるのみならず、参加する人びとの社会的結合を強める大切な役割も果たした。そのなかでもっとも身近なものが、区の祭祀と供犠であった。

ブドウの栽培にもっとも縁の深い区の祭典は、真冬の「田園のディオニュシア祭」である。収穫されたブドウが芳醇なワインに熟成する季節だからである。自前の劇場をもつ裕福な区では、このとき悲劇喜劇の演劇祭を盛大に催した。内外から大勢の見物人が集まり、区の財政は興行収入でうるおった。

アッティカ東岸のトリコス区もその一つである。銀山収益で栄えたトリコスには壮大なディ

図 4-3　トリコス区劇場跡．前 6 世紀末〜5 世紀初頭．

オニュソス劇場があり、今日もほぼ完全な姿で残る。長方形のオルケストラ（合唱隊が歌舞する場所）を三日月型の観客席が囲む、古い形式を残す劇場である（図4-3）。区民会議場としても用いられたが、収容人員は二四〇〇〜五〇〇〇人と推計され、国内外から多くの観客がつめかけたことが想像される。

この区の祭事暦を刻んだ碑文が、ほぼ欠けのない状態で見つかっている（『ギリシア碑文補遺』三三、一四七）。毎月の祭祀と祭神、犠牲獣の種類性別などを、実にこと細かく定めたもので、祭神の数は四二神にも上る。オリュンポス一二神のほかにも、「子育ての神」、魔術の女神ヘカテ、絶世の美女ヘレネ、由来不明の神など、土着信仰の対象らしい多くの神々や半神、精霊が、区内の無数の神域に祀られていたことがわかる。

犠牲獣はたいてい山羊か羊だが、祭事暦の規定はやかましく、たとえばアンテステリオン月（二月後半〜三月前半）一二日にディオニュソス神に捧げるのは、「歯が生える前の赤毛もしくは黒毛の雄子ヤギ一頭」でなければならない。こうしたことを忠実に実行することが役人たちには要求され、そうしてはじめて神々から繁栄と幸福が約束される。だからこそ区民は、役人たちの公金支出に不正がないか、きびしく追及したのである。

ギリシア人は穀物と野菜果物がふだんの食事の中心で、肉は特別の機会にしか口にできないご馳走であった。犠牲獣が切りわけられる様子や、肉が焼かれて立ちのぼる煙を目にし、したたる脂が焦げる匂いをかぎ、祭日だけに許される肉を味わうことは、自区民と五感で分かちあう歓びだった。地域の祭祀は、民主政にあずかっていることを、身体をとおして経験する場であった。

姦通騒動

区民たちは濃厚な社会関係で結びあう。たとえば何かのトラブルに巻き込まれた場合、たよりになるのは同じ区の住民の助けであった。

前四世紀初頭のある法廷弁論では、妻を寝取られた夫が姦通の現場を取り押さえる次第を、話者である夫自身がなまなましく語っている。夫は姦夫が妻の寝室に忍びこんだことを確かめたあと、ひそかに同じ区の住民たちに一軒ずつ声をかけ、取り押さえに協力してくれるようたのむ。彼は語る。

私は、いあわせた人びとのなかから、できるだけ多くの人数を連れて家にもどりました。（略）私たちは寝室のドアを押して入り、先に入った者は、間男がまだ妻のかたわらに横になっているのを目にし、あとから入った者は、ベッドで裸のまま起きあがったところを見たのです。（リュシアス『第一弁論』二三〜四節）

夫の語りにしてはいやに冷静でリアルな描写であるが、それはともかく、彼はその場で姦夫を殺す。夫としては、のちのちこの殺害が裁判沙汰になることを見こして、目撃証言を近隣区民に期待したのである。実際区民たちは、のちに姦夫の遺族に殺人罪で訴えられた夫のため、法廷で証言している。現場での姦夫殺害は合法である、というのが法廷での夫の主張であった。

市民は区に帰属することにより、民主政における自分の居場所を確認することができた。ペロポネソス戦争の籠城戦による地域社会の破壊は、そうした帰属感を一時的に市民から奪ったが、それは民主政本来の姿ではなかった。むしろそれを裏返せば、平時の民主政が地域への帰属感に、いかに強く支えられていたかがわかるであろう。

2　民主政の文法——権力分散と情報公開

頭のない国家

アテナイ民主政は、独自の政治理論や成文憲法をもたなかった。民主政はふつうの市民たちのライフスタイルであったから、理論や憲法を必要としなかったのである。市民たちが民主政を動かすために従った原則は、制度や習慣や言説のなかに埋もれ、隠れている。本節では、「民主政の文法」とでも言うべき隠れた原則を、(1)組織の無頭性、(2)代表制の不在、(3)警察権力の不在、そして(4)情報の公開、の順に探ってみたい。

さて「順ぐりに支配し、支配される」民主政は、一人に超越的な権威や権力が集中することを許さない。現代人には信じがたいかもしれないが、役人同僚団や評議会その他の実務組織は、それぞれ一〇名から数百名もの市民から構成されていたにもかかわらず、けっして一人の長官や代表者を常設することはなかった。むしろそうした地位は、意図的に排除されていたらしく思われる。組織に頭立つ者がないというこの特徴を、研究者たちは「無頭性」と呼ぶ。

国家には国家元首を、企業や団体には社長や理事長や代表を設ける私たちの目から見ると、こうした現象は実に奇異に映る。一人のトップなしに、国家や組織がそもそも成り立ったのであろうか。

一九世紀の学者たちも、この問題に頭を悩ませた。そして彼らが下した結論は、なんらかの国家元首的な地位——たとえばペリクレスのそれ——なしに、政府が成り立ったとは考えがたい、というものであった。学者たちは一〇人の将軍を今日の閣僚のようなものととらえ、ペリクレスはその将軍職筆頭、つまり「首相」であったと考えたのである。

しかし、これはあまりに近代的な解釈であった。のち二〇世紀後半になると、将軍職筆頭のような公式の地位など存在せず、ペリクレスは一〇人の将軍の一員にすぎなかったことが明らかにされたのである。

例外もある。輪番で評議会の執行委員の役目を果たす五〇人の当番評議員である(第2章1と2参照)。彼らは一人の筆頭を抽選で選出した。しかし筆頭の任期はわずか一昼夜で、再任は許されない。しかも職務は、国庫などの鍵および国璽の保管に限られた(ただし前五世紀には評議会や民会の議長をかねた)。ましてやアテナイを代表して国家の「顔」を務めたわけではない。ちなみに国璽とは、アテナイの国章であるフクロウの印影(第1章扉参照)を刻した印章である。封泥などに押して何かを封印したりするのに用いられた。

筆頭の職が存在したのは、鍵や国璽のように、一つしか存在しないモノの管理責任者を決めておかないと危険で不便だから、という消極的な理由によるのだろう。このようにやむをえず組織の筆頭者を設ける場合には、職権をできるだけ小さくする努力が払われている。当番評議員筆頭の存在は、「無頭性の原則」の例外であることによって、かえってその一般性を証明しているとも言える。

要するにアテナイでは、国家を代表するただ一つの役職は存在しなかった。アテナイ民主政は、文字どおり「頭のない国家」であった。

代表制の不在

無頭性の原則を裏返すと、「代表制の不在」という特徴も見えてくる。国家や評議会を代表する役職がなかったことは今述べたとおりだが、そもそも古代には「代表」という概念が存在しなかった。

評議会を例に考えてみよう。先述のように評議員の定数は各区の市民人口に比例して配分されたが、私たちはこうした割りあてを、ある種の「比例代表制」と解釈したくなる。そして評議員は、あたかも選出区の利益代表であるかのように考える。実際二〇世紀前半までは、評議会を「代議制政府」と見なす説もあった。

だがこの説もまた、現代人の錯覚であることが、しだいにわかってきた。評議員は選出区の利益のために活動したわけではないからである。区の意見を集約したという形跡もない。彼らは市民の一人として自分の信念に従って判断し、行動したにすぎなかった。議長ソクラテスの行動がよい例である。

たしかに評議員の定数は、区の(名簿上の)人口に「比例」していたが、それは地域を「代表」

させるためではない。もし人口と不釣り合いな定数を定めてしまうと、過剰な定数を課された区では評議員を出せなくなる。だからこうした比例配分は、むしろ評議員の選出を公平に負担させるためのもの、と考えた方が自然なのである。それこそイソノミア、つまり参政権の平等というクレイステネスの理念にも合致する。「代表制の不在」については、「おわりに」でもう一度取りあげることにしよう。

警察権力の不在

権力を特定の人や組織に集中させないという基本理念は、警察のような暴力装置をあえて設けないという姿勢にも現れている。

一見、私たちの知る警察に似たような役人は存在した。つねに武器を手にし、祭典や民会の警備にあたる「弓兵(トクソタイ)」と呼ばれる下吏たちである。だが近代の警察との最大のちがいは、彼らが市民ではなく、自由人ですらない国有奴隷だったことである。

弓兵たちの故郷は、遠く黒海北岸の草原地帯であるスキタイの地である。イラン系の騎馬遊牧民族であったスキタイ人は、弓の技にすぐれ、その技能を買われてアケメネス朝では多く傭兵として雇われていた。アテナイでもスキタイ人弓兵を国有奴隷として購入し、常時三〇〇人を市内警備の任につけていた。

スキタイ風の頭巾と身体にぴったりした民族衣装をまとった弓兵たちは、弓矢を携帯して市中を警備した。そのエキゾチックないでたちと、ギリシア人にはまねのできない弓技が目を引いたのか、アリストパネスの喜劇にもよく登場する。『アカルナイの人びと』(前四二五年上演)では、民会でくだらない演説を長々と続ける市民が、スキタイ人弓兵によって退場させられる(五四行)。議長の指示で伝令から「弓兵!」と声がかかると、彼らはあわれな演説者を、無情にも演壇から引きずり下ろすのである。

図 4-4 スキタイ人弓兵. 左手に弓をもち, 腰に矢筒を下げる. 前 480〜70 年代の陶器画. J・ポール・ゲティ美術館蔵.

暴力装置への警戒

ところがこのスキタイ人弓兵は、市民から恐れられるどころか、むしろ軽侮すらされる存在だった。

同じくアリストパネスの『女の平和(リュシストラテ)』(前四一一年上演)では、アテナイの女性たちがスパルタとの和平を要求してアクロポリスに籠城するという、驚天動地の非常事態が起こり、聞き付けた役人が弓兵たちを連れて現場に駆け付ける。彼は必死に弓兵を叱咤督励し、謀反人の女たちを逮捕しようとするが、弓兵どもはまったくもってたよりない。役人は二人の弓兵に向かってどなる。

なんでぽかんと口を開けている。情けないやつだ。(もう一人の弓兵に)またおまえの方はどこを見ているんだ。飲み屋を捜すことしか考えてないような目付きをしおって。(略)この女を捕まえろ、両手を後ろ手に縛ってしまえ。(四二六〜三四行、丹下和彦訳、以下同)

ところが首謀者の女丈夫リュシストラテに、「下っ端役人の分際で、このわたしに指一本でも触れてごらん、泣きをみますからね」と逆に凄まれ、役人はひるむ。そして怖じ気づいた弓兵たちは、みな逃げ出してしまう。一人残された役人は、「ああ、わが弓部隊のなんたる惨状」と茫然自失の体である。

もとより劇の筋立て自体、女性たちのクーデターという荒唐無稽なフィクションであり、観客の笑いを誘うのが目的ではある。だが、弓兵たちは役人の指示がない限り行動せず、ときにはそれすら尻込みする消極的な態度が目を引く。おそらく弓兵の通常業務は雑踏の整理などに限られ、こうした正念場で謀反人を逮捕するなど、本来の任務ではなかったのだろう。

「異民族(バルバロイ)は臆病で女にも劣る。だから卑怯な飛び道具を使う」というのが、ギリシア人男性一般の通念だった。もともとたよりない異民族の弓兵に謀反を鎮圧させるという筋立て自体、滑稽きわまるものだったのである。弓兵のように、行政の末端で雑務に従事する国有奴隷はほかにも多い。彼らはつねに評議会や役人の支配下におかれ、不都合があればいつでも交換できる「道具」にすぎなかった。だから国有奴隷のスキタイ人に弓矢をもたせても、独立した警察権力に成長することなど、想像だにされなかったのである。

役人や弓兵が治安の維持に役割を果たさなかったとすれば、誰がそれを行ったか。それは、平時と非常時とを問わず、ほかならぬ一般市民であった。民主政にあって、暴力はどこかに集中しているのではなく、市民のあいだにうすくあまねく分散している。平時は武器を家に保管し、いったん緩急あれば武装して集まるのは、市民たるものの本分であった。

ふだんは市民のあいだに分散している暴力が、いざというときにはたちまち凝集して強制力を発揮したわけである。逆に市民から武器を没収するのは、僭主の典型的な暴虐行為と考えられ、あるまじき事態であった（現に三〇人政権はそれを行った）。市民各自が武装する権利を留保していたアテナイ民主政では、これがもっとも自然な治安維持の作法であったと言えよう。

情報の公開

ところでソクラテスは（民主政に批判的だったにもかかわらず）、市民が政治に参加する以上、国家の歳入歳出額、陸海軍の現有兵力、銀山の採掘高、穀物の供給量などの情報をつねに把握しておかねばならぬ、と若い弟子に諭している(クセノポン『ソクラテスの思い出』三巻六章)。市民参加の政治が実現するには、国がどのような状況におかれ、どの政策を採用すればどのような結果になるかを、人びとが十分理解していなければならない。それには情報の公開が不可欠であることは、古代も現代も同じである。現代民主政治の偉大な理論家であったアメリカの政治学者R・ダールは、民主主義が成り立つ条件の一つに、「政策の選択肢とその結果を全員が理解していること」をあげている。

ペリクレスは葬送演説で、民主政アテナイが情報を内外に公開することの美徳を賛美する。そして敵国スパルタの秘密主義をあてこすり、「われらは国を万人に開く。知識や見世物の提供を、外国人排斥によって拒んだためしは一度もない。敵に見られたら損をするから隠そう、などとは思わないのだ」と誇らしげに述べている(トゥキュディデス『戦史』二巻三九章)。

では、市民にひろく情報を公開するためには、どのような手段があったのか。まず口頭による情報伝達が主であったこの時代、市民たちが国内外の情勢について知識を仕入れるもっとも身近な場は、民会であった。彼らは民会で見聞きしたことを、帰宅すれば家族や隣人にも話したことだろう。だが民主政アテナイに特徴的であったのは、口頭の伝達に加えて、文字による情報伝達と記録の保存にきわめて熱心であったことである。

アゴラの西縁には、長い基壇の上に一〇部族の名祖像が並んでおり、全体が柵で囲まれていたが、これは公的な告示を一般市民に知らせる掲示施設でもあった（本章扉）。長さ一六メートル以上高さ一八七センチもある大きな基壇の前面には、白い木板に文字が書かれた掲示板が何枚も掛けられていた。たとえば次回民会の予告と議題の掲示は、市民たちがあらかじめ政策について熟慮し議論するために必須の情報であったし、また遠征に際しては部族ごとに召集兵名簿がかかげられた。民衆裁判所の公判日程も掲示されたから、裁判員はもちろん、傍聴を希望する一般市民もかならず足を止めたことであろう。テレビもネットもなかった時代に、文字媒体を使って効率よく多くの市民に情報を伝達する方法であった。

「碑文習慣」

さらにアテナイ民主政は、公的な記録を膨大な数の碑文に刻んで公開した。クレタの例に見たように、ギリシア人はさまざまな記録を碑文に刻んで残す文化に古くから親しんでいた。これを「碑文習慣」と呼ぶ。とくにアテナイの碑文習慣は、民主政が成熟する前四世紀に最盛期を迎える。

公的碑文の内容は、民会決議、法律、会計報告、神殿の聖財目録、戦没者名簿、役職者名簿など多種におよび、大多数はアクロポリスに、そのほかはアゴラなどに建立された。それらはアテナイ人が過去にどのような政策を採用したか、どの国とどのような条約を結んだか、誰が国家にどのような貢献をなしたか、どの事業にどれだけの公金を費消したか、どの戦役で誰が戦死したかという、国家の運営上欠かせない記録を公開した。掲示板が日常さしあたって必要な情報を提供したのに対し、朽ちることのない大理石に刻まれた碑文は、市民たちが過去の事実を調べ、共同体の記憶を共有し再生するために役立った。

　おびただしい数の石碑が林立するアクロポリスの光景は、さぞ壮観だったであろう。今日でも注意深く足元を見れば、パルテノン神殿前の地面に、碑文を建てたと思われる長方形の溝が数多く見つかる（図4-5）。

図4-5　碑文を建てた溝．アクロポリス，パルテノン神殿前．

　陶片追放についても述べたが（第2章4参照）、当時アテナイに住む全自由人の識字率は五〜一〇パーセント、成年男子市民に限っても一五パーセント程度と推測されている。自力で碑文を十分に読み取ることのできた市民は、少数だったにちがいない。しかし、他人の助けを借りれば読み書きできる人も多かっただろうし、また読んだ人は口頭で多くの人びとに伝えたであろう。古代のアテナイでは、文字伝達と口頭伝達とがたがいに補いあって情報を広げていた。

公文書館

だが、碑文建立には高額の費用がかかる。だから碑文に刻まれるのは特別に認められた公文書に限られ、他の大多数は木板やパピルスに書かれたまま保管された。前五世紀末、アゴラの評議会議場が西隣の新しい建物に移されると、旧評議会議場は公文書館として使われるようになった。このときからアテナイ人は、公文書を体系的に整理して保管し、市民に公開しはじめた。

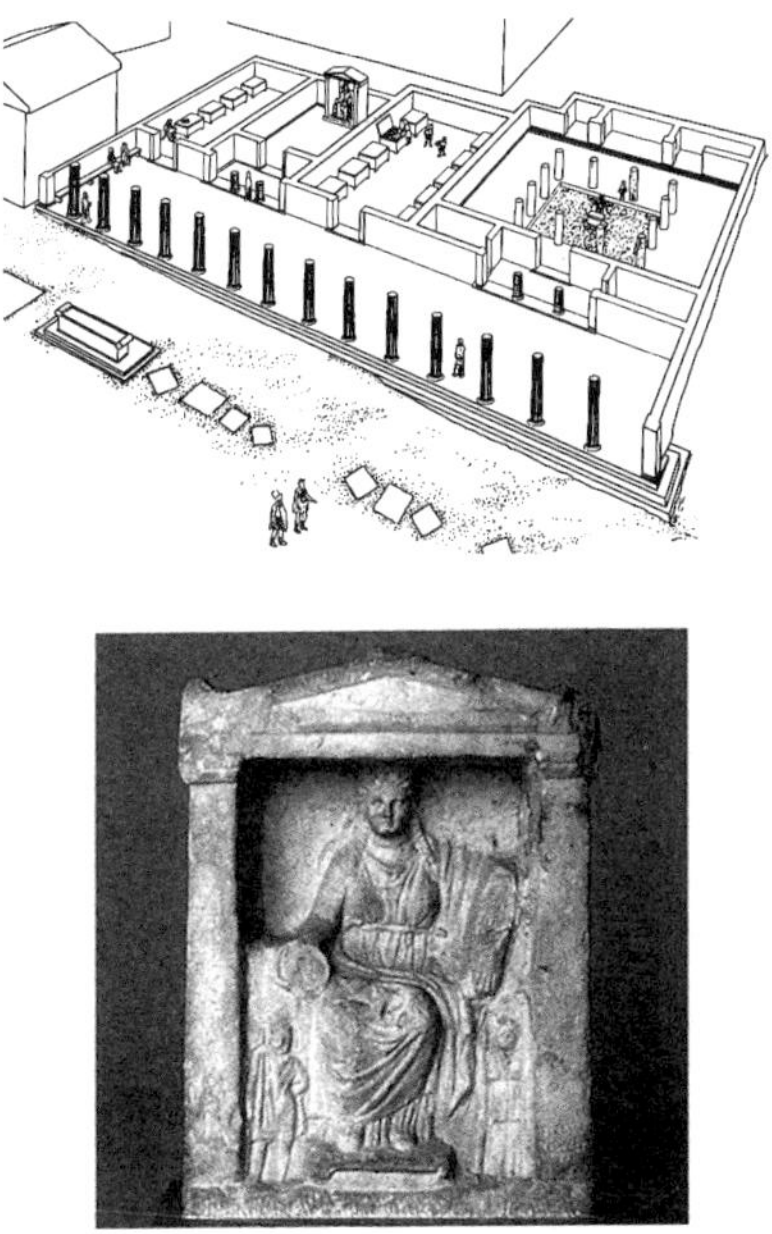

図 4-6　公文書館(メトロイオン, 復元図)と母神像(模刻).

旧評議会議場の建物には「神々の母（メテル）」の神像が祀られていたので、公文書館は「母神殿（メトロイオン）」の名で親しまれた。「神々の母」とは小アジアから信仰が伝わった大地母神キュベレのことであるが、公文書の保管とどのような縁があるのかはよくわからない。のち前二世紀なかばに改築され、四つの部屋と一本の列柱廊をもつ構造になったが、神像は変わらず祀られていた(図4-6)。

公文書館が保管する文書は、実にさまざまである。重要なのは法や民会決議の原本であるが、ほかに外国からの国書や条約の覚え書きなどの外交文書も保管された。役人から提出される会計報告、神殿の聖財目録、国有財産の賃貸契約や徴税請負契約など財政文書の原本も、ここに集められた。

公文書館に出入りし文書を閲覧する権利は、すべてのアテナイ市民に与えられていた。おそらく文書の写しを取ることもできたであろう。政治家(とその配下)は、政治活動に必要な情報を集めるため、足しげく公文書館に通ったらしい。公文書館には、過去の裁判記録や判決文、個人の財産贈与記録なども保管されていた。一般市民が私的な争いごとの仲裁や訴訟に必要な法律上の情報を得るためにも、公文書館は身近な存在だった。私たちが法務局に登記簿を見にゆくようなものであろうか。

学者たちも公文書館を利用したらしい。伝アリストテレス『アテナイ人の国制』には、現行法や民会決議などの公文書を見て書いたと思われる箇所が多数ある。在留外国人であったアリストテレス本人にはアテナイ市民権がなく、したがって公文書館に出入りする資格がなかったから、彼に代わって公文書館通いをしたのは、市民権をもった弟子の一人だったのだろう。

組織の無頭性、代表制の不在、警察権力の不在、情報の公開、そのいずれにも共通しているのは、権力や情報を特定の人物や組織が独占するのではなく、できるだけ多くの市民がそれに「あずかる」ということである。そのためには、市民のあいだに階層序列を設けないことが前提であった。「あずかる」というキーワードについても、「おわりに」でもう一度考えることにしよう。

他方、このしくみが働くためには、行政の末端で多くの国有奴隷が使われていたことから明らかなように、自由人と奴隷という階層序列がどうしても必要だったのである。それが古代民主政の避けられぬ宿命であった。

第5章　成熟の時代

エパメイノンダス像．現在のテバイ（シヴァ）市内．

1　民主政の最盛期——前四世紀の展開

混迷するギリシア世界

ふたたび時代の流れに話を戻そう。ペロポネソス戦争後のギリシア世界は、どのような道を歩んだのか。

ギリシア世界の覇権は、いっとき戦争の勝者であるスパルタに移った。しかしこれに不満をもったテバイ、アルゴス、コリントス、そしてアテナイの四ヶ国は、アケメネス朝の支援を得てスパルタと戦争を始めた。これをコリントス戦争という(前三九五〜八六年)。かつてスパルタを援助したアケメネス朝は、今度はスパルタが強大化するのを嫌い、ギリシア人どうし、いつまでも争いあうよう狡猾な外交を仕組んだのである。

この戦争には、結局アケメネス朝と親交を取りもどしたスパルタが、一応の勝利を収めた。前三八六年に両国のあいだに結ばれた「大王の和約(アンタルキダス条約)」は、ギリシア諸国に自由と自治を認めるかわり、小アジアをふたたびペルシアの支配下におくことを一方的に取りきめた。ペルシア王は漁夫の利を占め、スパルタはさしあたって覇権を維持した。だが蚊帳の外におかれた格好になったその他の国々には、強い不満が残った。

だからポリス間の抗争は、いつまでもやまなかった。アテナイとスパルタの両覇権国がにらみあっていた前五世紀には、それなりに勢力均衡が保たれていたのに、それが一方の敗退によって崩れてしまうと、前四世紀の国際政治はかえって混迷の度を増すことになったのである。

その後、国力をやや回復したアテナイは、前三七八年、スパルタに対抗すべく第二回アテナイ海上同盟を結成する。今回はデロス同盟が失敗した反省から、同盟諸国に自由と独立を保証し、貢租金も課さぬことを約束した。七五を数える加盟国の多くは民主政を奉じ、アテナイはエーゲ海に昔日の勢いを回復するかに見えた。

一方、あらたに陸上で勢力を拡大したのが、ギリシア中部ボイオティア地方の強国テバイである。前三七〇年代に国力を伸ばしたテバイは、前三七一年のレウクトラの戦いでスパルタを大敗させた。スパルタ軍は、王をはじめ一〇〇〇名もの戦死者を出して潰走した。二年後、スパルタに三〇〇年以上ものあいだ隷属してきたメッセニアのヘイロタイは、テバイの支援を受けてついに独立の悲願を達成する。陸の覇権は、スパルタからテバイに移った。

しかし、テバイの覇権が続いたのは一〇年ほどにすぎなかった。アテナイもまた、かつての栄光を取りもどすことはできなかった。やがて同盟国が次々に離反して同盟市戦争（前三五七～五五年）が起こり、これに敗れたアテナイは、その後、海上覇権を二度と回復できなかったのである。ギリシア都市国家の世界はリーダーがあいついで没落し、混沌は以前にも増して深まった。

アテナイ民主政の成熟

しかし、国際関係の混乱とは裏腹に、再生したアテナイ民主政は静かに成熟の時代を迎えていた。

たしかにアテナイはペロポネソス戦争の敗戦で覇権を失い、戦火と疫病で市民人口は一時二万五〇〇〇人程度に激減した。戦後徐々に回復したものの、おおむね前四世紀を通じて二万五〇〇〇人から三万人のあいだを推移した。財政も逼迫した。莫大な軍事費をつぎ込んだペロポネソス戦争が終わってみると、国庫はほとんど空になっていた。神殿宝庫にあった金銀まで鋳つぶして使った。かろうじてアテナ女神像の黄金と象牙にだけは手を付けなかったのが、せめてものアテナイ人の矜持であった。

ところが、こうした窮状にもかかわらず、民主政再建直後の前四〇〇年ごろ、アテナイ人は思い切った施策に踏みきった。民会の出席者数を確保するため、はじめて民会手当を導入したのである。民会に出席した市民全員に、少額だが配布される手当金のことである。金額は、当初の一人一オボロスから次第に引きあげられ、前四世紀末には一ドラクマとなった。

民会手当は功を奏して出席者が増え、そのため前四〇〇年前後には民会議場を若干だが拡張している。前五世紀には年一〇回程度だった民会の回数は、前四世紀の前半には三〇回に、後半には四〇回に増えた。市民数が半減したにもかかわらず民会議場が拡張され、かつ民会開催の頻度が増えたということは、以前よりも市民たちの政治参加が強まったことを意味する。

衰えぬ政治参加

市民数の激減は、毎年あらたに五〇〇人の評議員を必要とし、しかも一人が二度までしか務められない評議会の存続を危うくさせたはずである。だが評議会は、現実にはあいかわらず活発に活動を続けた。前四世紀には、ほとんどすべての市民が生涯に一度は評議員を務めた。民会のみならず評議会も、参加率は相対的に高まった。

評議員も役人も、希望者から抽選するのが原則である。いやがる人に役職を押し付けた形跡はない。自治会やPTAの役員を苦役と感じる私たちから見れば、驚くべき参加意欲である。しかも役職は、前四世紀には評議員を除き無報酬となった(ただしある程度の賄賂は、国益に反しない限り役得として大目に見られた)。政治に無関心な者は役立たずと見なされる、というペリクレスのことばは、けっして絵空事ではない。役職を市民としての名誉(ティメ)と考える価値観が、民主政を支えていた。

民衆裁判所の制度がより精緻になったのも、このころである。前四世紀になると民衆裁判所は重要な政策をめぐって司法判断を下すようにもなり、政治上の存在感はさらに高まった。前三二五年ごろには、四棟からなる複合裁判施設がアゴラの北東部に完成する。前五世紀末以降は、小石に代わって青銅製投票具が用いられるようにもなった(第2章3参照)。裁判員は首からひもで名札をぶら下げ、足しげくアゴラに通った。青銅製のこの身分証がしばしば貧しい市民の墓から副葬品として見つかるのは、彼らが裁判員であることを誇りとしていた証拠であろう。

民主政か寡頭政かという二者択一は、すでに現実味を失っていた。市民たちが熱心に議論したのは、海軍をどう維持するか、穀物の供給をどう確保するか、他国との外交関係をどうするかという、地に足のついた政策課題であり、体制の選択といった大時代な論争は過去のものとなっていた。

各地に開花する民主政

民主政が成熟期を迎えたのは、アテナイだけではない。私たちは、ペリクレスが活躍しデロス同盟が覇を唱えていた前五世紀なかばを、ギリシア民主政の最盛期と考えがちである。しかし、事実はちがう。むしろ最盛期は、アテナイがペロポネソス戦争に敗北したあとに訪れる。

前四世紀の第2四半期(前三七五〜五〇年)は、ギリシア世界全体を見わたしても、民主政の黄金期と呼ぶべき時代であった。

すでに前五世紀前半から、ギリシア各地では民主政を採用するポリスが増えはじめていた。その背景にはアテナイの国際的影響力の拡大があったが、かならずしもそれだけの理由ではない。ともかく地域ごとに独自の民主政が次々と開花し、ギリシア本土やエーゲ海沿岸のみならず、遠く南イタリアやシチリア島、黒海北岸のギリシア人諸都市にも拡散した。古典期(前五〜四世紀)で一時的にでも民主政を採用したポリスは五十数ヶ国とされるが、これは確実な史料的根拠のある事例に限った数で、実際にははるかに多くの国々に広がったと考えられる。もっとも、ポリス世界全体では依然として寡頭政や僭主政が大きな割合を占め、民主政は三分の一ほどと見積もるべきであろう。

史料的な制約は大きいが、それでもアテナイ以外の民主政について近年研究は進んでいる。節をあらためて、その代表例をいくつか見ることにしよう。

2　ギリシア世界への広がり

アルゴス

アテナイの次に有力だった民主政ポリスは、ホメロスにも歌われる古都アルゴスである。ペロポネソス半島北東部の肥沃なアルゴリス平原に栄えたアルゴスは、強大な南の隣人スパルタと、長きにわたり宿敵の関係にあった。

ラリッサの丘の麓を中心にできた都市国家アルゴスは、前六世紀に王政から貴族政に移行した。前四九四年のセペイアの戦いでは、スパルタに壊滅的な大敗北を喫し、成年男子市民の大半が戦死するという惨禍に遭う。その後、失われた戦力を補うため農奴身分の住民に市民権を与え、市民団を再編する大改革が断行されたらしい。こうして前四六〇年代、アルゴスに民主政が誕生した。

民主政アルゴスは勢力を伸ばし、国際的にもスパルタに対抗する大国の一つとなった。ペロポネソス戦争中はアテナイと同盟を組むが、前四一八年にはスパルタとの戦いに敗北した。翌年民主政は転覆され、寡頭政権に取って代わられるが、わずか半年後に回復する。ちなみに数年後のアテナイでも四〇〇人の寡頭政権が樹立され、やはり同様の運命をたどっている（第3

章1参照)。このように各国の民主政は、たがいに国際関係の影響を受けて連動するものである。その後アルゴスは前四世紀末まで、ほぼ一貫して民主政を維持した。

アルゴス民主政の成立にアテナイの影響力がどれだけ働いたかについては、議論が分かれる。前四七〇年代、陶片追放されたのち一時アルゴスに滞在していたテミストクレスが、民主政の樹立に一役買ったという説もある。敵の敵は味方であり、スパルタの宿敵アルゴスがアテナイの大切な友邦であったことはまちがいない。実際、アルゴスはアテナイと三度にわたり同盟条約を結び、スパルタに対抗しようとしている。

図 5-1 アルゴス民会議場跡．前5世紀なかば．

アルゴス民主政を歩く

現在のアルゴスは落ち着いた小さな田舎町で、平坦な街路を少し歩けば、めぼしい遺跡を一日で見て回ることができる。後背地の山々がくまなく見わたせる、景色の美しい町である。

アルゴス民会議場の遺跡は市街の西、ラリッサの丘の麓にある。付近で目を引くのは前四世紀末に建造された壮大な半円形劇場であるが、民会議場はその南に隣接する「直列座席の劇場」と呼ばれる遺跡である（図5－1）。

前五世紀なかばごろ作られたもので、三七段の座席が岩盤の斜面に直線状に刻まれ、収容人員は二五〇〇～三〇〇〇人ほど。立ち見ならさらに一〇〇〇人ほどは入れただろうという。一番下の平坦な場所に演壇や議長席があったと思われるが、ローマ時代にその上に音楽堂が建設されてしまったため、議場の下半分は本来の姿をとどめていない。

サボテンの木のあいだを抜けて最上段まで登り、腰を下ろして彼方を眺めれば、遠くアルゴリス湾の海が美しく輝いて見える。アルゴス市民たちは、海に続く世界の情勢に思いをはせながら、民会での議論に耳を傾けたのだろう。

民会（アリアイア）は月に一～二度開かれ、アテナイ同様、神事・外交・軍事を主な議題とした。アルゴスの成年男子市民人口は一～二万人と推定されているから、民会に用意された座席数はその四分の一から八分の一という計算になる。この比率はアテナイとさほど変わらない。

評議会（ボラ）も重要な機関である。アテナイと同様、あらかじめ議題を審議して民会に上程する役割を果たしたらしい。評議会議場は民会議場から東に数百メートルほど下ったアゴラにあり、「多柱式会堂」と呼ばれる一辺三二メートルの正方形の建物である。建造は前四七五～

五〇年ごろで、アルゴス民主政の成立期にあたる。

評議会がアゴラの一画にあること、民会から手近な距離にあることなどもアテナイに似ている。議場の面積からすると、評議員は数百名という規模ではなかっただろうか。だとすればアテナイの五〇〇人評議会に近い。かなり広範な市民参加に期待しないと維持できない制度である。

新史料の発見

アルゴス民主政のしくみを物語るきわめて貴重な史料が、二〇〇〇年に発見された。一五〇枚ほどの青銅板に刻まれた前四世紀前半の財政文書である。ほとんどが一五×二五センチメートルほどの長方形で、輪で七枚一つづりにまとめられているものもある。

これらはアテナ女神およびヘラ女神の聖財の収支を記録したもので、祭典や公共事業、公共手当、そしてこの時期戦われたコリントス戦争などに公金が支出されたことを伝える。公文書が大事に保管されていて、おそらく市民に公開されていたことも、アテナイ民主政と共通する。アルゴスはギリシア四大競技祭の一つネメア祭の主催国であったから、ネメア祭運営にかかわる役職もあったのだろう。「八〇人」「競技委員」「発馬機担当委員」などの役職名も見られる。こうした会計文書が大事に保管されていた事実は、アテナイ同様、役人の会計報告がきびしく検査されたことを示す。

驚くべきことに、大部分の役職の任期はアテナイよりさらに短い半年であったこともわかった。ローテーションの周期を短くすることによって、役人の権限をさらに細分化していたことが明らかである。この点ではアテナイよりも徹底している。また陶片追放の制度が存在していたことも知られている。

遺跡に立って感じるのは、ここにも堂々たる民主政があったということである。広範囲の市民参加、民会の定期開催、評議会による執行組織、役人の責任追及制度、公文書保管、陶片追放などの要件を満たすアルゴスは、アテナイにおとらず本格的な民主政であった。前五世紀前半から一世紀半にわたって続いたことは、やはり同様に安定した体制であったことを示すと言えよう。

テバイ

アルゴスもそうだが、前四世紀の第2四半期に民主政が各地で最盛期を迎えたのは、寡頭政の守護者スパルタの勢いが失墜したことと深く関係している。このころ一時的に覇権をうち立てたテバイの事例が、それをよく表している。

アッティカの北西に接して広がるボイオティア平野に、ぽつんと頭を突き出したカドモスの丘を中心として、古くから農業と商業で繁栄したテバイは、ディオニュソスとヘラクレスが誕生し、オイディプス王家に悲劇の運命が襲いかかった神話の都でもある。

もともと貴族政のポリスであり、ペロポネソス戦争中は一貫してスパルタに味方した。コリントス戦争ではアテナイ側についたためスパルタの軍事介入を招き、前三八二年から三年間、スパルタ軍監視下で極端な寡頭政が恐怖政治をしいた。アテナイの三〇人政権と同じく、スパルタの傀儡政権である。

前三七九年、民主派がアテナイの援助によって蜂起し、スパルタによる支配をはねのけて民主政を樹立した。エパメイノンダスとペロピダスという、二人の有能な指導者がひきいるテバイ民主政は、レウクトラの戦いでスパルタを破って以後、ペロポネソス半島と中部ギリシアで軍事的に勝利を重ね、ついに覇権国の地位を手にしたのである。

テバイはまた、都市同盟であるボイオティア連邦の盟主として、この地方の諸都市をたばねる地位にもあった。テバイの覇権は、連邦軍の軍事力によるところが大きい。連邦軍は、ボイオティア各地から選出される任期一年の「ボイオティア執政官(ボイオタルコイ)」によって指揮されたが、その定員七名のうち三〜四名を出すテバイの主導権は強く、連邦とテバイ国家は組織の上でも重なりあうところが大きかった。

連邦と民主政

同性愛カップルからなる「神聖部隊」や、左翼の戦列を厚くした斜方戦陣でスパルタ軍を打ち破り、覇権国に上りつめてゆくテバイの成功譚は、すぐれた戦術家エパメイノンダスと勇猛果敢な武将ペロピダスの友情と活躍の物語とともに、プルタルコス『ペロピダス伝』で彩りゆたかに描かれている。日本でも、明治時代に矢野龍渓の歴史小説『経国美談』でひろく知られた。

図 5-2　矢野龍渓『経国美談』挿絵より，レウクトラの戦い．

テバイの民会は、ボイオティア執政官を選出・解任する権限をはじめとして、財政・外交・司法上の最高権力をもっていた。ボイオティア執政官はアテナイの将軍に相当する国家の指導者であったが、民会が彼らの行動をきびしく監視していたことはたいへん興味深い。

前三七〇年、ボイオティア執政官に選ばれた二人の英雄エパメイノンダスとペロピダスは、連邦軍をひきいてペロポネソス半島を転戦し、スパルタを没落に導く偉大な功績を立てた。それにもかかわらず、その間に任期を四ヶ月超過したというだけで罪に問われ、帰国後裁判にかけられたと伝えられる。二人は無罪になったが、彼らほど勲功のあった公職者でさえ責任がきびしく追及されたことは、テバイも徹底した民主政であったことをうかがわせる。

テバイの覇権は、同志愛で結ばれた彼ら二人の政治家と盛衰をともにする。やがて前三六四年にペロピダスが、そして二年後にはエパメイノンダスが、それぞれ戦死すると、テバイの勢力は急速に衰えてゆくのである。だがその後もテバイ民主政は、マケドニアに制圧される前三三〇年代まで生きつづけた。連邦の統治と複雑に重複しているところがアルゴスとことなるが、スパルタの引力を退けることで安定した体制を支えた点では共通している。

シラクサ

ギリシア本土をはるか離れた西方の植民市でも、民主政は独自の展開を見せた。その代表格が、シチリア島のシラクサ(シュラクサイ)である。

前八世紀にコリントスの植民市として建国されて以来、先住民のシケル人やカルタゴのフェニキア人など、異民族との戦いに明けくれながらシチリア随一の大国に成長したシラクサは、つねにきびしい戦争状態にあったことから軍人が権力を握ることが多く、前五世紀はじめから僭主政と民主政を交互にくり返した。

前四六六年、三代続いた僭主政が倒れ、シラクサは民主政に移行した。のちアテナイの大遠征軍を迎え撃ち、前四一三年に壊滅に追いやったのは、同じ民主政を採用するシラクサであった。民主政がアテナイと敵対する勢力圏からも生まれた好例である。

シラクサは、アテナイとは根本的に社会経済のしくみがことなっていた。シケル人を征服して農奴身分に落とし、広大な国土を耕作させることで食糧を得ていたからである。その点、どちらかと言えばスパルタの社会に似ていた。下層市民がアテナイ遠征軍の撃退に貢献したことにより、前五世紀末には民主政が一段と進展し、役人の抽選制が導入された。しかし他方、それは最富裕の地主階級による反動を招き、しばしば民主政の存立をおびやかす結果となった。彼らは、農奴たちが社会変革を起こすことを恐れたのである。

前四〇六年、民会で政権指導者たちを弾劾して名をあげた野心家ディオニュシオスは、将軍として民会から無制限の権力を授けられ、翌年民主政を倒して僭主の座についた。以後四〇年にわたって君臨し、周辺諸国を征服してシラクサを大国に成長させた一方、悪逆非道をきわめた典型的暴君として古代世界にあまねく名を知られた。猜疑心強く残忍で、親族や臣下を次々に殺し、それでも暗殺者の影におびえるあまり、理髪師には剃刀をもたせず、炭火で髪を焼かせたという逸話が残る。太宰治『走れメロス』に登場する「邪智暴虐の王」ディオニスとは、このディオニュシオス一世のことである。

不安定な民主政

ソクラテスの死により祖国の政治に絶望したプラトンが、僭主ディオニュシオス一世の宮廷を訪れたのは、前三八八年のことである。プラトンは僭主の義弟で娘婿のディオンに理想国家論を説き、これと堅い師弟関係を結んだが、みずからは僭主の不興を買ってシチリアを追われた。のち僭主が(一説には息子に毒を盛られ)死んだあと、ディオンは前三五七年に二代目僭主ディオニュシオス二世を追放し、民主政を回復した。

シラクサでも民会が将軍を選挙したが、つねに外部との戦争をしいられている状況下、将軍はしばしば独裁的な権限を委ねられた。それが僭主の出現につながるのは、シラクサ民主政の弱みとも言えよう。

ディオンは民主政を取りもどしたが、同時にやはり将軍として全権を委ねられた。やがて彼は政敵を殺し、事実上の独裁者となるが、民衆は離反し、前三五三年みずからも暗殺される。プラトン主義者として哲人統治を目指したディオンの理想は、師の期待もむなしく潰えたのであった。

シラクサに評議会はなかったらしい。そのせいか民会は行動に抑制が効きにくく、有力者の煽動にのせられてしばしば衝動的な騒乱を起こした。アテナイとちがって将軍の権力を民会がコントロールできず、その結果特定の人物に権力が集中して、政情不安定を生んだのである。

陶片追放に似た制度もあった。陶片ではなくオリーブの葉に記名して投票したので、「葉片追放（ペタリスモス）」と呼ばれた。追放期間は五年で、僭主の出現を警戒して前五世紀なかばに導入されたという。だが有力市民が追放を恐れて政治参加を忌避する副作用を生んだため、まもなく廃止されてしまい、結果として僭主政の阻止には結びつかなかった。

シラクサには前三四〇年代末にも数年間民主政が実現したが、その後は寡頭政、さらにふたたび僭主政が続き、民主政が復活することはなかった。

3　民主政の文化と思想

「民主政の技術」

民主政は、なぜこのようにギリシア世界に拡散していったのだろうか。

前五世紀、アテナイがデロス同盟諸国に民主政という国制を無理強いしたケースは、実はほとんどない。同盟離反はきびしく鎮圧したが、忠実でありさえすれば、同盟国がどのような国制を採ろうとかまわなかったのである。

逆にシラクサのように、アテナイの支配圏外で民主政が出現する場合もある。各地のポリスが民主政の採用を決めたのは、アテナイの政治的・軍事的強制によるものではなく、基本的には自国の意思であったと考えてよい。アルゴス、テバイ、シラクサの例に見たとおり、ギリシア民主政には多様で豊かな形があり、アテナイだけに還元して考えることはできない。たしかにその限りで、「アテナイ中心史観」は誤っている。

しかし逆説的なことに、各地の民主政におよぼすアテナイの影響は、ペロポネソス戦争に敗れたあとからむしろ色濃くなってゆく。つまりアテナイが「帝国」を喪ったあとで、かえってアテナイ風の制度が他国に浸透してゆくのである。

たとえばアテナイで発達した碑文文化(第4章2参照)は、前四世紀、民主政の進展とともに各国に広がった。とくに以前からアテナイの影響が強かった小アジア沿岸のポリスでは、前文のパターンや定型句など(第2章1参照)、アテナイの書式を模倣した民会決議碑文が多く見られるようになる。当番評議員(プリュタネイス)、議長団(プロヘドロイ)といった役職名を、アテナイにならうポリスも目立つ。

かつての支配圏を失ったアテナイは、民主政のイデオロギーを声高に喧伝することもなくなった。だがアテナイには、民主政運営のノウハウが、一〇〇年以上かけて積みあげられていた。「民主政の技術」とも呼ぶべきその政治文化は、前四世紀に入ると、あたかも水面に投じられた石から波紋が広がるように、アテナイから周辺に波及し、各国で積極的に受容されてゆくのである。

図5-3　シノペの青銅製身分証(上). 前4世紀なかばごろ，9.3×1.8 cm. 中央に名前，左端に所属記号のΔ(デルタ)，右端に海鷲とイルカをあしらった国章が刻印してある．アテナイのもの(下)との類似に注意.

モノが広げる技術

目に見えるモノ、つまりこまごまとした器具や道具のたぐいが、「民主政の技術」の伝播に一役買ったことも見逃せない。

アテナイの裁判員が青銅製(のち木製)の名札を携帯し、それが抽選に用いられていたことは、第2章3で述べた。これとそっくりの名札が、ロドス島(エーゲ海東南部)、シノペ(黒海南岸)、タソス島(エーゲ海北部)といった、アテナイから遠く離れた地からも発見されることは、民主政の拡散現象を示す証拠としてたいへん重要である。おおむねアテナイの形式をまねたもので、抽選器とともにアテナイから広がった道具であることはまちがいない(図5-3)。エーゲ海に浮かぶ大きな島であるロドスとタソスは、古典期をとおして民主政を採用していた。また犬儒派の哲学者ディオゲネスの故郷として知られるシノペも、ペリクレス時代からアテナイの友好国で、民主政だった可能性が高い。

名札を民会手当の配布に活用したポリスもある。豊かな漁業で栄えた小アジア沿岸の都市イアソスは、前四世紀初頭からアテナイ型の民主政を採用したポリスであった。

前四世紀後半の民会決議碑文によれば、民会当日の朝、イアソス市民は自分の名前を記入した名札（ペッソス）をたずさえて議場に集まり、担当の役人に手わたす。役人はそれを小箱に投入する。また日の出とともに水時計から水を流し、一定時間が経過したら名札の受け付けを締めきる。そして民会閉会後、名札の名前を読みあげて、市民一人一人に民会手当をわたすのである。遅刻の防止と手当の遺漏ない配布をねらった一石二鳥である。名札を小箱に入れたり、名前を呼んで手当をわたすやり方は、アテナイの民衆裁判所とそっくりである（ローズとオズボーン編『ギリシア歴史碑文選集』九九）。そもそも民会手当自体が、アテナイ発のアイデアである。

また前三三八年にボイオティア連邦の首都となったオンケストス（テバイ近郊）では、青銅製の投票具が見つかっているが、これもアテナイのものと瓜二つであることが目を引く（図5-4）。

図 5-4　ボイオティア地方で用いられた青銅製投票具．オンケストス，前 4 世紀．アテナイのもの（図 2-10）と酷似する．

拡散の中心アテナイ

抽選器、水時計、名札、小箱、投票具など、民主政の運営に必要な小道具とその用法は、アテナイで発達し、そこから国外に伝わっていったと考えられる。人口の多いアテナイでは、民会出席者や裁判員など、ときに数千人という数の市民を、短時間で手際よく整理し誘導する必要があった。その必要からこうした技術が、他国にさきがけて発達したのであろう。

とくに、一人の人間を一枚のカード(名札)によって記号化することは、文字文化を陶片追放などの政治技術にはやくから取り入れたアテナイならではの、すぐれた発想である。モノを媒介にした技術は、政治的な強制よりも、はるかにたやすく民主政を拡散させていった。

前五〜四世紀のアテナイは、ギリシア世界の政治・経済・文化の中心地であった。諸国がアテナイから「民主政の技術」を受け入れてゆくさまは、ちょうど多くのギリシア語方言がアッティカ方言を取り入れて、共通語コイネーを形成してゆく過程と、時代的に軌を一にしている。民会決議の書式に表れているように、アテナイの政治技術はギリシア民主政の共通言語となっていった。

「民主政の技術」は強制されるものではなく、むしろ各国が思いおもいに選び取る政治文化であった。住民統合の様式として民主政がすぐれていることは、寡頭派との和解にみごとに成功したアテナイがすでに実証済みであった。多くのポリスがその成功事例をすすんで模倣したとしてもおかしくはない。「アテナイ中心史観」は誤りだが、にもかかわらず、アテナイが民主政拡散の中心の一つであったことはたしかである。

民主政の思想

モノ以上に拡散しやすかったのは、思想であった。人と人がことばを交わしさえすれば、たやすく広がるからである。民主政は体系的な政治理論を必要としなかったが、かといって無思想だったわけではない。民主政の何がすぐれているのかについて、ギリシア人が自覚的に積み重ねた思想は、さまざまな言論をとおして広がっていった。

ヘロドトスの『歴史』は、すでに前五世紀なかごろ、民主政を擁護する洗練された思想があったことを伝える。「ペルシア政体論争」と呼ばれる一節がそれである(三巻八〇～二章)。話の舞台は、なぜかアケメネス朝である。前六世紀末、ペルシアの政体を将来どのようにすべきか問題となったとき、三人のペルシア人貴族が民主政・寡頭政・君主政それぞれの得失を論じた、という設定になっている。むろん、史実としてはありえぬ、架空の場面である。

民主政を支持する論者は、こう主張する。責任を問われずほしいままに振るまう専制君主は、父祖の習慣を無視し、婦女を犯し、裁判なしに人の命を奪う。それに対しイソノミエという美しい名前で呼ばれる民主政は、そのような暴虐にはけっして手を染めない。抽選で役職を務め、権力者の責任を問い、あらゆる議事を民会にはかって決める。ゆえに民主政を採用すべきである、と。

これに対し他の二人が反論し、結局ペルシア人は君主政を採用した、というのが話のオチである。だが民主政を専制君主政のアンチテーゼと考えていること、抽選・役人の責任追及・民会での意思決定を民主政の特徴としていることなどは、当時の民主政思想を反映している。イソノミエ(イソノミア)というスローガンが登場することから考えれば、クレイステネスの改革後しばらくして、ギリシア人の知識人サークルから生まれた政体論であろう。

悲劇と民主政

内外に広く民主政の思想を伝える重要なメディアの一つは、演劇であった。アイスキュロスが悲劇『ペルシア人』で、民主政の公正と正義を称揚したことは、第2章2で述べた。半世紀後の前四二〇年代、ペロポネソス戦争のさなかに、エウリピデスは悲劇『救いを求める女たち』で民主政の理念を謳い、アテナイ市民の愛国心を高揚させようとした。

劇の舞台は、神話上のアテナイである。王テセウスがアルゴスからやって来た老女たちの嘆願を聞いているところに、テバイの僭主クレオンから使者が遣わされて来る。ちなみに上演当時のテバイはまだ寡頭政で敵国であり、他方民主政アルゴスは友好国であった。

「この国の僭主はどなたか。クレオン王のおことばをどなたにお伝えすればよろしいか」と尋ねる使者に、テセウスは毅然と答える。

そなたは、はなから口上をまちがえておる。異国の使者よ、この地に僭主をたずね求めるとは。わが国は一人に支配されるのではない。自由な国だからだ。民衆が年ごとに交替して順ぐりに支配し、富者に特権を認めず、貧しき者にも平等の権利を与えるのがこの国だ。

（四〇三〜八行）

王の口から出たことばであるにもかかわらず、民主政の理念をみごとに結晶させたセリフである。「貧しき者にも平等の権利を与える」というモットーは、ペリクレスの葬送演説とも響きあう。

民主政の思想は大衆芸術であった演劇をとおして、エリートのみならず一般民衆にも浸透した。アテナイの演劇祭には他国からも多くの観客が集まったから、民主政の思想は彼らの口から海外にも拡散したことであろう。

ソフィストの役割

さらに注目されるのは、いわゆるソフィストが民主政の拡散に果たした役割である。ソフィストとは、もともと「智恵のある人」を意味し、前六世紀のイオニア自然学誕生以来、世界の成り立ちを合理的に探究する知識人一般を指していた。

「ペルシア政体論争」を考えた知識人は、「人間は万物の尺度である」と述べたソフィストの代表格プロタゴラスではないか、という説がある。彼はアテナイに長く滞在し、プラトンの対話篇『プロタゴラス』に登場するほか、ペリクレスとも親交が深かった。前四四四／三年、アテナイのきもいりで南イタリアに植民市トゥリオイを建国するにあたり、ペリクレスの要請でその国制を起草したとも伝えられる。

トゥリオイはアテナイ型の民主政を採用したはずで、その国制を起草したプロタゴラスが民主政の理念に通じていたことは自明だろう。ちなみに歴史家ヘロドトス（彼もまたソフィストの一人である）はこの植民に加わり、トゥリオイで遍歴の一生を終えたともいう。だとすれば、彼がプロタゴラスの思想に触れていたことは、十分考えられる。

プロタゴラスはエーゲ海北岸の都市アブデラの出身だが、このポリスも民主政であった。祖国が民主政であったソフィストはほかにもいる。前四二七年にシチリアのレオンティノイからアテナイにやって来て、弁論術をもたらしたゴルギアスもその一人である。ソフィストはかならずしも民主政を積極的に支持したわけではないが、遍歴する職業教師として、民主政についての見聞や考察を各地に伝えたことは確かであろう。彼らが民主政の拡散に貢献したことは、想像に難くない。

プラトン

少し話がそれるようだが、すでに本書で何度も登場したプラトンの思想と民主政のかかわりについても、ここであらためて考えてみたい。

前述したが、前四世紀のアテナイ政界で「民主政か寡頭政か」の二者択一が議論となることは、もはやなかった。プラトンとその学派だけは、この前世紀の問題をあたかも重大なテーマであるかのように議論しつづけたが、それは実際の政治課題からはかけ離れていた。いかに激しく批判しようと、アテナイ民主政の体制はすでに盤石であり、その現実を前に、彼らは無力であった。

そして無力であるだけに、プラトンたちは現実以外の世界、つまりイデアの世界でのユートピア論に、いよいよ没入していったのである。もしあえて理想国家の実現を地上に求めるのなら、それははるかに遠い異境の地でなくてはならなかった。プラトンが三度にわたり辺境のシチリアを訪れ、哲人政治の実現をくわだてた理由はそこにあった。しかし、それが成功することはなかった。

アテナイ民主政は、故国に帰ってきたプラトンを受け入れた。彼は民主政を批判したが、その哲学の営みは、言論の自由が許される民主政においてこそ可能だったのである。プラトンがアカデメイアで哲学にいそしみ、『国家』『法律』などの著作を生み出すことができたのは、その議論が現実政治から遊離している限り、政界での権力闘争に巻き込まれる心配もなかったからであった。

第6章 去りゆく民主政

アテナイのディオニュソス劇場．リュクルゴスによる公共事業の一環として建造された．

1　マケドニアの影

財政家の登場

さてその後、アテナイと民主政はどのような結末に向かっていったか。それを一言で言うならば、ポリスと民主政は、時代の波にあおられ変容しながらも、驚くほどの生命力を保ったのである。

前三五五年、第二回アテナイ海上同盟が失敗し、離反した同盟諸国との戦争に敗れたアテナイの国庫は、ふたたび底をついた。国家財政は破綻寸前であった。財政難にあえぐアテナイ市民は、ここで財務の専門家に国家のかじ取りを委ねる道を選んだ。

それまで財政の最高責任者であったアテナ女神の財務官(一〇名)は、その実、抽選で選ばれる素人集団にすぎなかった。そこで前四世紀に入ると、「観劇手当基金」と「軍事基金」という二つの国庫をあらたに設け、以後国家歳入の余剰分は、平時には前者に、戦時には後者に、すべてくり入れることになった。そしてそれぞれを管理する有能な財務官数名を、抽選ではなく、選挙で選ぶことに決めたのである。

観劇手当(テオリコン)とは公共手当の一種で、大ディオニュシア祭などの演劇祭で貧しい市民たちに配布される入場料補助金のことである。観劇手当基金は元来そのための基金であったが、平時の余剰金すべてをくり入れることによって、莫大な資金が集まる最大の国庫となった。これを管理する「観劇手当財務官」は、通常の役人とちがい任期は四年で再任が許され、公共建築事業・道路建設・海軍行政など、財政全般に強い権限を握る国家の要職になった。

前三五四年、エウブロスという有能な財政家が観劇手当財務官に就任すると、彼は将軍に代わって国家の指導者となり、財政をまたたく間に好転させた。国家による顕彰を見返りに富裕市民から自発的な寄付金を募る制度を導入して歳入を確保するとともに、軍事費のむだをおさえ、余剰金をたくわえて国庫を再建したのである。

その後、前三三〇年代、弁論家リュクルゴスがあらたに財務総監の地位につくと、彼は財政家としての能力をも遺憾なく発揮し、国庫のたくわえをさらに増やした。古い神官の家柄に生まれ、プラトンや修辞学者イソクラテスに学んだというリュクルゴスは、ペリクレス以来途絶えていた大規模な公共事業を復活させ、市の内外に今日も残るかずかずの記念碑的建造物を造った。アクロポリス南麓に色とりどりの大理石で建造した壮大なディオニュソス劇場が、その代表である(本章扉)。また三大悲劇詩人の像を建て、軍船の船渠や港湾を整備し、そしてプニュクスの民会議場を倍の面積に拡張した(第2章1参照)。

専門家と民主政

二人の有能な財政家の登場で、疲弊していたアテナイの財政は一挙に息を吹きかえした。エウブロスはそれまで一三〇タラントンほどだった国家歳入を四〇〇タラントンに増やし、リュクルゴスはそれをさらに三倍の一二〇〇タラントン以上に増収させたという(一タラントンは六〇〇〇ドラクマ)。

彼らは選挙で選ばれ、しかも特別に四年の任期を与えられた。将軍にさえ許されていなかったことである。これは一人に長期間権力を集中させず、アマチュアリズムに徹するという民主政の原則に背くようにも見える。ここに民主政衰退のきざしを見るかどうかは、学者のあいだでも意見が分かれる。

ただ誤解してはならないが、エウブロスやリュクルゴスといえども、任期中の職務について責任を問われる点では、他の役人と同じであった。けっして無制限に権力をふるったわけではない。財政の専門家ではあるが、財務官を職業としていたわけでもなく、報酬をもらって働いたのでもない。その意味ではやはりアマチュアであり、官僚とは言えない。専門化の現象は民主政の衰退ではなく、むしろ発展の一側面ととらえるべきであろう。

もし民主政が衰退したのなら、リュクルゴスは巨額の公金を投じて民会議場を拡張などしただろうか。『アテナイ人の国制』は、民主政が前四〇三年の再建以来前三二〇年代の今日まで、「大衆の権力をたえず伸張させながら現体制まで存続している」と回顧している(四一章)。民会と民衆裁判所が主権を掌握する民主政の体制は、専門家の時代を迎えてもゆらぐことはなかった。

マケドニアの台頭

ところがその間、国際関係はあらたな局面に入っていた。新興大国マケドニアが、北方からポリスの世界をおびやかすようになったのである。

バルカン半島北部に勢力を張っていたマケドニア人が、ギリシア人の一派かどうかはよくわかっていない。ともかく広大な領域に王国を形成してポリスを作らず、ギリシア人からは異民族(バルバロイ)と見下されてきた。しかし前四世紀なかばに即位した王ピリッポス(フィリッポス)二世が、国家改造と常備軍の組織化に成功してから、にわかに大国として存在感を高め、中南部のギリシア人諸国に支配の手を伸ばしてきた。

同盟諸国がアテナイから離反した前三五七年、その虚をついたピリッポスは、エーゲ海北部の都市アンピポリスを奪った。穀物輸送路の中継点にあたるこの町を失ったアテナイでは、以後対マケドニア外交が最大の政策課題として浮上する。古典古代におけるもっとも偉大な弁論家とされるデモステネスは、リュクルゴスと組んでマケドニアとの徹底抗戦を主張する一方、エウブロスや元俳優で弁論家のアイスキネスは宥和論を唱え、両派はするどく対立した。

前三三八年、ついにアテナイ民会は強硬論者デモステネスの提議を容れ、南下するピリッポスの大軍を迎え撃つことを決議した。アテナイとテバイの連合軍は全ギリシア人の自由と独立をかけ、ボイオティアのカイロネイアでマケドニア軍との決戦に臨んだ。

結果は、連合軍のみじめな完敗であった。翌年ピリッポスはコリントスに諸国の使者を集め、マケドニアを盟主とするコリントス同盟(ヘラス同盟)を結成して、ギリシア世界の「普遍平和」を宣言した。スパルタを除く全ギリシアのポリスは、各国の相互不可侵と独立自治という名目のもとに、軍事・外交の自由を奪われ、国制の変更も禁じられた。同盟の軍事指揮権を委ねられたピリッポスは、ギリシア世界の国際政治にながらく干渉してきたアケメネス朝の討伐を公約し、その大義名分を手に、ほぼすべてのポリスを傘下においたのである。

カイロネイアの敗戦は、アテナイ人にとって空前の屈辱であった。かつてペルシア人を撃退した彼らが、同じく異民族のマケドニア人に打ち破られたからである。彼らは、敗戦の責任を連合軍の司令官一人に押し付け、弾劾裁判にかけて処刑することで鬱を散じた。だが、それで事態がどうにかなるものではなかった。アテナイ人はこれ以後、マケドニア王国をはじめとする巨大な王朝の影響下で、国家の生存をはかってゆかねばならなくなったのである。

ヘレニズム時代

しかしその後しばらくのあいだ、アテナイは自治と独立を許され、従前どおり民主政を営みつづけた。戦後、リュクルゴスを財務総監に迎えてから財政はいっそう豊かとなり、制度も充実した。アリストテレス学派は、完成された前三二〇年代の民主政の姿を、『アテナイ人の国制』後半に克明に写しとった。マケドニアの不気味な影におびえながらも、アテナイ民主政はこのときもっとも光り輝いたのである。

ピリッポスが前三三六年に暗殺されると、その子アレクサンドロスが位を継ぎ、まもなく前三三四年、東方遠征に出発する。彼はアケメネス朝を滅ぼし、エジプトから西アジア、そしてインド北西部におよぶ大帝国を築いた。大王による新しい時代の幕開けである。

これ以後、東地中海と西アジア一帯の歴史は、アレクサンドロス大王とその後継者たち(ディアドコイ)が主役となって織りなしてゆく。大王の東方遠征からプトレマイオス朝エジプトの滅亡(前三〇年)までを、ヘレニズム時代と呼ぶ。

それまでギリシア史のおもな役どころを演じてきた都市国家は、アレクサンドロスの帝国やそれを引きついだ諸王国の支配下に組み入れられて政治的独立を弱め、しだいに表舞台から姿を消してゆくかのように見える。だが、これをもってポリスが歴史から消滅したと考えるのは、正しくない。

ポリスが市民生活の基盤であることは、ヘレニズム時代になっても変わらなかった。それは、アレクサンドロス大王自身が、征服後の帝国各地にギリシア風の都市を数多く建設した事実からも明らかである。少年時代に家庭教師アリストテレスから教えを受けた彼は、「人間はポリスをもつ動物である」という師の教説を、みずからが支配する地上に実現したわけである。

宇宙が自分の故国であると考える「コスモポリタニズム(宇宙市民主義)」は、当時ストア派など一部の知識人がかかげる思想の目標ではあったが、日々を暮らす一般市民の生活の目標にはなりえなかった。ヘレニズム時代はポリスが滅びた時代なのではなく、むしろポリスが地理的範囲を東方に大きく広げた時代と言うべきであろう。

ラミア戦争の結末

では民主政の方は、その後どうなったのか。

アレクサンドロスは前三二三年、三二歳一一ヶ月の若さで急逝する。ギリシア諸国の反マケドニア派はこの機に乗じ、アテナイの民主派を指導者として、ポリスの自由と独立を求めて反乱を起こした。ラミア戦争である。

アテナイとその同盟軍は、大王の支配を引きついだマケドニア代理統治者アンティパトロスに戦いを挑み、初戦で勝利を得た。だが、その後小アジアから来援した敵海軍を阻止することに失敗し、結局無残に敗退。翌前三二二年夏、降伏した。アレクサンドロス帝国の巨大な軍事力に刃向かったアテナイは、所詮蟷螂《とうろう》の斧を振りあげたにすぎなかったのである。

進駐したマケドニア軍はアテナイの外港を占領し、その監視の下、アテナイ民主政は廃止された。反マケドニア派の首領デモステネスは、アテナイを脱してカラウリア島(現ポロス島)のポセイドン神殿に逃れたが、追いつめられて自殺した。

かくてアテナイには親マケドニア政権が誕生し、市民権は財産二〇〇〇ドラクマ以上を所有する上層市民九〇〇〇人にのみ与えられることになった。参政権を奪われた市民は、一万二〇〇〇人とも二万二〇〇〇人とも伝えられる。ここにクレイステネス以来一八〇年以上続いたアテナイ民主政は、大国の外圧により、富裕者寡頭政に取って代わられたのである。

しかし、民主政が父祖から受けついだ生活そのものであったアテナイ人にとって、民主政の廃止は、とうてい承服できるものではなかった。彼らはこののち独立と民主政の回復を求めて、いくども反乱を起こすことになる。

一方、アレクサンドロスの遺領をめぐり、後継者たちは果てしなく権力闘争をくり広げた。アテナイの周辺一帯を支配する権力者は次々と入れ代わり、しばしば利己的な目的からギリシア諸国に「自由と解放」を約束した。彼らの介入を受けたアテナイの政界は、そのたびに動揺した。

2 溶暗するデモクラティア

有為転変のアテナイ

しかし、あくまで民主政の回復を切願するアテナイ市民の意志は、固かった。その後の国制のめまぐるしい交替劇は、民主政の生命が容易なことでは断ちきれぬものであったことを物語る。このあのちローマ軍に占領される前一世紀前半まで、アテナイでは政変が大きなもので七回ほど起こったが、その間、民主政は少なくとも四回にわたり復活している(ただし数え方には諸説ある)。

まず民主政廃止のはやくも四年後、前三一八年には、大王の後継者の一人で代理統治者の地位をついだ武将ポリュペルコンの助力により、アテナイは民主政を回復した。だがそれもつかの間、彼が後継者どうしの戦いに敗れると、翌年ふたたび民主政は廃される。

代わってマケドニアがアテナイの統治者の地位にすえたのは、哲学者であるパレロン区のデメトリオスであった。アリストテレスの孫弟子にあたる彼は、学祖が理想とした「中庸の国制」を実現すべく、市民権を(前回よりはややゆるく)財産一〇〇〇ドラクマ以上の市民に限定し、執政官として一〇年にわたり独裁的にアテナイを支配した。

前三〇七年、ふたたびマケドニアの権力者が交替すると、執政官デメトリオスは国外に逃亡し、民主政が復活する。だが前三〇一年、後継者たちがイプソスの戦いで一大決戦に臨んだ結果、いわゆるヘレニズム諸王朝の分立体制が固まると、アテナイ民主政はそのあおりをうけて庇護者を失い、ふたたび廃されて僭主政に取って代わられた。しかししばらくの混乱ののち、前二八七年に対マケドニア反乱が奏功し、アテナイは民主政を回復した。

その後、紆余曲折を経てアテナイはスパルタと同盟し、アンティゴノス朝マケドニアとの絶望的な戦争に突入した。そしてあえなく敗北。前二六一年、アテナイはマケドニアの直接統治下におかれ、またも民主政を失った。前二二九年、アテナイはようやくアンティゴノス朝の支配を逃れ、代わってプトレマイオス朝の庇護下で民主政を取りもどした。アテナイは、ようやく恐るべき専制支配者のくびきから解きはなたれ、ひさびさに安堵の息をついた。とぼしい史料から推測すると、以後前二世紀末まで、アテナイではしばらく民主政の世の中が続いたと考えられる。

強靱な生命力

かつては、マケドニア軍に廃止された前三二二年をもってアテナイ民主政の終焉とするのが一般的な学説であった。偉大な弁論家の時代が去り、民主政は幕を下ろしたと考えられたのである。だが近年の研究は、民主政の生命力がはるかに強靭だったことを明らかにしている。

たしかにヘレニズム時代のアテナイは、さまざまな面で変質した。富裕な一族が代々公職を占め、莫大な金のかかる公務を自費で負担する例が増える。特定の要職に権限が集中し、役人の数そのものも減少する。それに諸王国が国際政治での主役になると、アテナイ一国の意思で決定できる外交の範囲は限られ、民会の決定はかつての重みを失ってしまった。

だが他方、アテナイ民主政の基本構造が変わらなかったことを示す証拠も数多い。何度かの民主政の中断期を除けば、民会の活動は依然活発であり、最高意思決定機関の役割を失っていない。

民衆裁判所はと言えば、アンティパトロスにいったん閉鎖させられたあと復活し、ヘレニズム時代をとおして活動していたことが碑文からわかる。前三〇〇年前後には、以前よりさらに壮大な裁判所がアゴラ北東部に建造された。「方形回廊」と呼ばれる複合施設がそれで(図6-1)、列柱が中庭を囲む一辺約五九メートルの正方形の回廊構造をもち、四隅に一つずつ法廷が設けられた。裁判員の座席がアルファベットで指定されており、これは『アテナイ人の国制』の記述に一致するから、民衆裁判所のしくみは前時代と基本的に変わらなかったらしい。

役人の責任を追及する制度も健在であった。執務報告の義務を会計検査官や執務審査官に対して負い、民衆裁判所で審査を受ける慣例は、前二世紀末まで続いた。将軍やアルコン、アレオパゴス評議会といった伝統的制度も、驚くべき生命力を保った。

ただし、政治参加が富裕市民に偏ってゆく傾向は、押しとどめがたかった。貧富の差が拡大してゆくのは、アテナイに限らず、ヘレニズム時代全般の趨勢である。だが前三世紀以降、すくなくとも法律上、貧困市民から参政権が奪われた事実はない。参政権に財産額による制限が設けられたのは、アンティパトロスによって民主政が廃止されたときと、哲学者デメトリオスが独裁統治していたときの二度だけである。実情はともかく、「貧しき者にも平等の権利を与えるのがこの国だ」というたてまえだけは、捨てられることはなかった。

民主政はたしかに変質したが、また連続もしていた。それはスケールをしだいに縮小させながらも、基本的な姿形を保ったまま生きつづけた。アテナイ人がみずからの意思で民主政の廃止を宣言したことは一度もなく、彼らがその存続を強く願っていたことだけは疑えない。アテナイ民主政の終焉がいつかという問いに、具体的な年代をもって答えることは困難なのである。

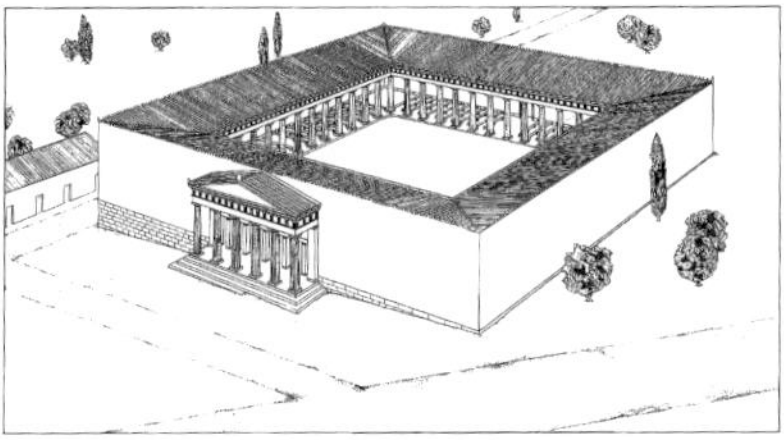

図 6-1　アテナイの方形回廊(復元図). 前 300 年ごろ.

小アジアの民主政

民主政が驚くほど長く生きながらえたのは、他国でも同様であった。とくに小アジア沿岸諸国でその傾向が強い。それはアレクサンドロス大王が、アケメネス朝の支配から解放した小アジア諸国に、民主政の採用を王令で布告したことにもよる。アケメネス朝が諸国の寡頭政を支援していたことに対抗して、アレクサンドロスは民主政の守護者を自任したのである。

この地域で民主政を維持したポリスの代表は、先にも述べたイアソスである(第5章3参照)。ここではヘレニズム時代にもなお、アテナイ型の民主政が健在であった。民会は毎月六日に開かれ、多数の市民が参加する評議会をもち、当番評議員が民会に議案を提出した。前四世紀末でもまだ民会手当を配布していたから、下層市民も民会に積極的に参加していたのだろう。前三世紀から前二世紀にかけては、まだ民会と評議会で無記名秘密投票をしていたことが碑文からわかる。また前二世紀初頭の民会決議では、セレウコス朝シリアの王アンティオコス三世が民主政の存続を約束したことに、謝辞を奉呈している。イアソス民主政はすくなくとも制度上、前二世紀まで生き残ったらしい。

ほかにも小アジア沿岸では、海上貿易で繁栄したロドスがデモクラティアを名乗り、しばらく独立を維持した。またかつてアテナイ型の民主政だったエリュトライは、前四世紀には寡頭政になったが、アレクサンドロス大王に解放されて民主政を復活し、前三〇〇年ごろには民主政への功労者の立像再建を命ずる民会決議を下している。

たしかに少数の富裕者が政治的影響力を強めてゆく傾向は否定できず、また国制の内実にかかわらず「デモクラティア」の看板をかかげるポリスも多かったが、かといって、民主政がそうあっさりと退場したわけでもなかった。

ローマの支配

しかし、その後のヘレニズム世界には、西方の巨人ローマに征服される運命が待ちかまえていた。前三世紀末から数度の戦争ののち、アンティゴノス朝マケドニアはローマ共和政に屈し、前一四八年に属州となった。属州とは、総督が支配するローマの海外領土である。前一二九年には小アジアも属州となり、ギリシア諸国はそっくりローマの直接統治下におかれることになった。

民主政が各地で急速に衰え出すのは、このころからである。それまで相対立するヘレニズム諸王朝の間隙をたくみに泳ぎわたり、ある程度の自由と独立を享受していたギリシア諸国も、ローマの属州になると、もはや自主的に行動を選択する余地を奪われたのである。アテナイについで民主政がさかんだったアルゴスでも、前二世紀なかばをさかいに、民会は活動を停止してしまった。

だがひとりアテナイは、なおかたくなにローマの支配にあらがった。黒海南岸ポントス王国のミトリダテス六世は小アジアに勢力を広げ、前八八年、ローマとの戦争を始めた（第一次ミトリダテス戦争）。ローマの属州支配に呻吟するギリシア諸国は、狂喜してこの反乱に加わった。アテナイもまた、ミトリダテスの呼びかけに応じ、自由を夢見てローマに叛旗をひるがえす道を選んだ。

かくしてアテナイ人は、ふたたび民主政の復活を宣言した。だがまたしてもその命脈は、陽炎のように儚かった。まもなくローマからは、老練で酷薄な将軍スラが鎮圧に派遣され、三〇〇〇〇の兵をもってアテナイ市街を包囲した。籠城する市内ではたちまち食糧が枯渇し、市民たちは靴や革袋まで煮て食べた。

耐えきれなくなったアテナイ人は、使者たちをスラのもとにつかわし、ペルシア戦争での祖先の功績をもち出して和議を乞うた。だがスラは、こう言ってそっけなく追い返した。「帰りたまえ、諸君。そんな話はやめてもらおう。私がローマからアテナイに派遣されたのは、歴史を勉強するためなんかではなく、反乱を鎮圧するためなのだからな」（プルタルコス『スラ伝』一三章）。

前八六年三月一日、籠城半年の末、ついにアテナイは陥落した。真夜中に喚声を上げて市中に突入したローマ兵は、老若男女の別なく無数の住民を殺戮し、略奪の限りを尽くした。無辜なる犠牲者のおびただしい流血は、アゴラからケラメイコスにいたる街路一面を浸し、さらに城門から外にあふれ出た。そして、それにおとらず多くの市民たちが、祖国の滅亡を悲観してみずから命を絶った。アテナイはローマの容赦ない暴力の前に屈服し、苛酷な直轄支配の下におかれた。

生き残ったアテナイ人は、今度こそ自由と独立への気概を失ってしまった。国制が深刻な断絶をこうむったのは、このときである。スラの占領以後、民会はまれにしか開催されなくなった。わずかに残された前一世紀なかばのある民会決議碑文には、賛否の票数が記録されたが、評議会提案に反対する票は一票もなかった。民会は評議会の決定をなぞるだけの、無力で形骸化した存在になった。

代わって政治の主導権を握るようになったのは、意外にもアレオパゴス評議会であった。さかのぼればすでに前四世紀後半から、伝統的な権威を背景に少しずつ存在感を取りもどしてきたのだが、民会が形骸化したのと入れ替わりに、ここで復権を果たしたのである。

新約聖書『使徒行伝』には、のち紀元後一世紀、アテナイを伝道に訪れた聖パウロが、アレオパゴス評議会によって審問される一節がある（一七章）。「アレオパゴスの説教」として知ら

図6-2　デモクラティア女神に捧げられた祭壇の石．2行目にΔΗΜΟΚΡΑΤΙΑ（デモクラティア）と刻まれている．前1世紀末～後1世紀初頭．

れる有名な場面である。だからアクロポリス北西の斜面にあるアレオパゴスの丘は、今でも多くの敬虔なキリスト教徒が訪れる巡礼地である。パウロが訪れたころ、アテナイという都市の意思を事実上決定していた機関は、もはや民会ではなく、アレオパゴス評議会であった。

溶暗

しかし、それにもかかわらず、アテナイ人は民主政という看板をいつまでも下ろさなかった。アウグストゥス帝時代（前二七～後一四年）にアクロポリスに建てられた祭壇には、アテナ女神と並んで、神格化されたデモクラティア女神の名が刻まれていた（『ギリシア碑文集成』二巻二版四九九二、図6-2）。

古都アテナイは、とうに国家であることをやめ、歴史と文化遺産で知られる属州都市にすぎなくなった。しかし実体はともあれ、理念としての民主政は、死んではいなかった。アテナイの住民たちは自分たちの都市の体制を、あいかわらず「デモクラティア」と呼んでいた。

ローマ帝政下でも、形ばかりの存在になりながら、民会と評議会は生き残った。現存する最末期の民会決議碑文の一つに、後二二〇年ごろと推定されるものがある(『ギリシア碑文集成』二巻二版一〇七八)。決議の中身は、条約でも軍事でもなく、祭礼行列の次第を古式に従って定めたものにすぎない。だが「民会は以下のように決議した」と始まるその前文には、アルコン、当番評議員部族、書記、議長の名が、七〇〇年以上の伝統に忠実に刻まれていた。アテナイで最終的にいつ民会や評議会が廃止されたのかは、史料の沈黙という大海にのみ込まれていてわからない。

結局ギリシア人は、民主政という理念を最後まで手放さなかった。ギリシア民主政が正式に廃止を宣告される日は、ついに訪れなかった。それは滅びたというよりも、いつのまにか歴史の暗闇に溶け去っていたのである。その最期を表すには、滅亡よりも溶暗《フェードアウト》ということばがふさわしい。

おわりに——古代から現代へ

アメリカ合衆国議会議事堂(キャピトル).

途絶えた系譜

最後に、古代ギリシアの民主政が、現代の私たちとどのようにつながっているのかを考えてみたい。

ギリシアの民主政は、ローマによる征服とともに姿を消した。古代民主政の系譜は、そこで途絶えた。ふつうの人びとが積み重ねた民主政の経験は、体系的な政治理論を残さず、それゆえその記憶は急速に失われた。

他方、民主政を批判したプラトンやアリストテレスの理論は、その後長きにわたり権威ある古典として伝え受けつがれた。歴史的現実としての民主政が忘れ去られるとともに、「衆愚政」のレッテルだけが残ったのである。

衆愚政と言えば、この語をはじめて著述に用いたのは、ローマのギリシア制覇を目の当たりにしたギリシア人歴史家ポリュビオス（前二〇〇～一一八年ごろ）である。ローマの興隆に新時代のうねりを見てとった彼にとって、民主政が衆愚政に堕するのは歴史の必然であった。

ギリシア民主政とローマ共和政は、ひとくくりに理解されることがあるが、両者は似て非なるものである。ギリシアでは一人に一票の投票権が与えられたのに対し、ローマの民会は財産別に分けられたグループ（ケントゥリア）ごとに投票し、しかも貧富の差によって投票権の重みにいちじるしい格差があった。無産市民は人口の上で最大多数を占めるにもかかわらず、たった一つのグループ枠、つまり一票しか与えられなかったのである。その上、国政の実質的な主導権は、一部の最富裕市民からなる元老院が握っていた。あらゆる意味でローマは富裕者による寡頭政であり、古代民主政の系譜には連ならなかった。

やがてローマは全地中海世界を支配する帝国に成長したが、それは皇帝を頂点におく巨大なピラミッド型の支配であった。ローマ帝国が滅んだのちも、前近代の世界史に登場した支配体制のほとんどは、やはり君主や貴族による垂直型の強権支配であった。ギリシア民主政のような、市民どうしの対等で自由な関係にもとづく水平型の支配は、まれなる例外であったと言えよう。

近代人の嫌悪

中世の長い沈黙ののち、ルネサンスによってふたたびギリシアの古典に光があてられると、ヨーロッパの知識人はその称賛と研究に飽くことなき情熱を傾けはじめた。では彼らが民主政も同様に称賛したかと言えば、答えはその逆であった。第一級の古典とあがめるギリシア人の遺産のなかで、デモクラティアなる政体だけは、彼らにとって唯一理解に苦しむものであった。

一例をあげよう。一六世紀フランスの法学者ジャン・ボダンは、主権国家の政治思想を確立したことで知られる。彼によれば、民衆とは「多頭の獣」であり、その民衆に統治を委ねた古代の民主政は、「狂人に智恵を求めること」にほかならなかったのである。

図1　ジャン・ボダン(1530–96年)

民主政に対するこのような嫌悪感は、なぜ生まれたのだろうか。それは、ギリシア・ラテンの古典を読みこなすほどの知識階級が、当時の支配体制下でどのような立場を占めていたかを考えればわかりやすい。彼らの大半は社会のエリートであり、ボダンのように君主や貴族による支配を擁護する立場にあった。だから下賤の民が統治の主人公となる民主政など、理解しがたいのみならず、きわめて危険な体制に思われたのである。

二〇〇〇年ものあいだ、民主政の実物というものを目にしたことがなかったエリートにとって、トゥキュディデスやクセノポンなどの古典作品に描かれた醜怪な民衆の姿こそ、民主政のすべてであった。その上彼らは、有徳の少数者による政治を理想とするプラトンやアリストテレスの教説を、権威として尊崇してやまなかった。

民主政とはすなわち古代の民主政のことであり、それはとりもなおさずたちの悪い多数の横暴であると考える政治思想の流れは、こののち近代ヨーロッパの思想界を長く支配していった。アメリカの史家J・T・ロバーツは、この思潮を「西欧思想における反民主主義の伝統」と呼んでいる。

市民革命の時代

一八世紀に人権思想を生み出した啓蒙思想も、民主政には意外なほど冷淡であった。ルソーは人民主権論を説いたにもかかわらず、民主政というものが人間の手のおよばない「神々の政体」であり、現実のアテナイはその理想にほど遠い政体であったと考えた。

市民革命の時代が到来し、君主政に代わる新しい政治体制が模索されたときにも、古代民主政に注がれる視線は冷ややかだった。革命家たちがモデルにした古代の政体は、ローマ共和政であって、アテナイ民主政ではなかった。アメリカ合衆国建国の父たちが目指したものは、リパブリック(共和政)であってもデモクラシーではなかった。人民主権を唱えた一方で、革命家たちはエリート主導のローマ共和政に範を仰いだ。

ワシントンの合衆国議会議事堂をキャピトルと呼ぶのは、ローマ七丘の一つカピトリウムにちなんだものである。議会上院がセネット(元老院)と名づけられたのも、ローマ共和政にあやかったからだ。それらはまちがっても、アクロポリスやブレ(五〇〇人評議会)と呼ばれることはなかった。

フランス革命でも事情は同じであった。ダントン、ロベスピエール、サン＝ジュストら革命の英雄たちが「ローマの衣裳を身につけ、ローマの常套句を使って、自分たちの時代の課題をなしとげた」と、のちに論評したのはマルクスである(『ルイ・ボナパルトのブリュメール18日』丘沢静也訳)。

では逆に、フランス革命を攻撃した思想家たちはどう考えたか。まことに対照的なことに、反革命論者がフランス革命に比すべき暴虐と見なした古代の悪しき先例は、つねにアテナイ民主政であって、ローマ共和政ではなかった。イギリスの反革命思想家E・バークにとって、アテナイは多数の専制であり、しかもあらゆる専制のなかで最悪の専制であった。

二〇世紀へ

一九世紀もなかばになると、この流れにやや変化のきざしが現れる。

政治的プロパガンダとしてではなく、史料にもとづく実証研究によって、はじめて学問的なギリシア通史を著したのは、グロートであった(第1章1参照)。彼は大著『ギリシア史』で、いわゆるホイッグ史観の立場から、アテナイ民主政を自由主義の模範として称賛し、バークに渾身の反論を試みた。

その一方で、民主主義というものを古代民主政の評価と切り離して考える思想家が登場する。グロートの友人でよき理解者であったミルが、その一人であった。彼はアテナイ民主政の長所に一定の理解を示しながらも、直接民主政は近代国家に不向きであり、代表制による間接民主政が唯一最善の政体であると論じた。近代には近代にふさわしい民主主義があるはずだという発想に、思想家たちはようやく行き着いたのである。フランスの政治思想家A・ド・トックヴィルやB・コンスタンも、同じ潮流に位置づけられる。

それにもかかわらず、思想界の「反民主主義の伝統」は、その後も容易には払拭されなかった。奴隷制に立脚するがゆえに古代民主政を批判する論調は、マルクス主義に始まった。そして二〇世紀に社会主義国や大衆社会が出現すると、それに危機感をいだく立場からも、アテナイ民主政が群衆支配の典型事例としてやり玉にあげられた。その際しばしば論拠に引かれたのが、ソクラテスの悲劇であった。

学問の世界でも、その伝統は根強かった。二〇世紀初頭の古代学研究に記念碑的業績を残したドイツの古典学者E・マイヤーは、第一次大戦後の民主主義の勃興に露骨な嫌悪を示した。そして、ロイド・ジョージやウッドロー・ウィルソンは現代のデマゴーグであり、戦争の勝者である点を除けば、アテナイの煽動政治家と大差ないと考えた。

時代を映す鏡

ギリシア民主政への反感や批判は、それぞれの時代を映し出す鏡であった。あたりまえのことだが、フランス革命の「革命的群衆」(G・ルフェーヴル)も、マスメディアに誘導される「孤独な群衆」(D・リースマン)も、古代社会には存在しなかった。にもかかわらず反革命論者は、革命で暴動をおこす群衆の姿をアテナイの民衆に投影し、また二〇世紀の評論家は、大衆社会の害毒をソクラテスの処刑とアテナイ民主政の衰亡に読みとろうとした。人間は過去のなかに見たいものを見、信じたいものを信じる。

それは、さらなる古代民主政への嫌悪につながり、今度はそれを根拠に革命や大衆社会、そして民主主義そのものが批判された。古代と現代とを往復するこうした思考循環をくり返しながら、「反民主主義の伝統」は、たえず新しい装いをまとい、古代民主政の不気味な幻影とステレオタイプ的な固定観念を、飽くことなく再生産していったのである。

民主主義が普遍的な価値として、ようやく体制のちがいを超えて認められるようになったのは、「ファシズムと民主主義との戦い」に連合軍が勝利した第二次世界大戦後のことである。そしてギリシア民主政の実証的研究が、碑文や考古学的遺物などの史料も用いて各国の歴史学界で本格化するのは、一九七〇年代になってからであった。

歴史浅い近代民主主義

さてこうして見ると、私たちが生きている近代民主主義の歴史は、存外と底の浅いものと言えないだろうか。

私たちは学校教育で、イギリス中世のマグナ・カルタから始まり、権利の章典、啓蒙思想、アメリカ独立宣言、フランス人権宣言から普通選挙へ、といった進歩の過程として、近代民主政治の歩みを教わる。しかしそれは、現在から過去をかえりみることで得られた、いわば後知恵の歴史観である。民主政は、実際には非難と攻撃をこうむってきた歴史の方がはるかに長い。

財産や性別を問わず、成年に達したすべての国民に平等な参政権が憲法で保障されたのは、一九一九年のワイマール憲法が最初であり、一九四六年の日本国憲法がそれに続く。男女ともに平等な完全普通選挙を定めたワイマール憲法から数えるならば、私たちの民主政は、誕生してからたかだか一〇〇年しかたっていないことになる。

他方、クレイステネスの改革に始まるアテナイ民主政は、マケドニア軍に廃止された前三二二年まで一八五年間、スラに占領された前八六年まで数えれば実に四二一年間、命脈を保った。古代と現代では時間の密度にとてつもない差があるが、それでもあえて単純に比較するならば、古代の市民たちは私たちの倍かそれ以上の時間を、民主政とともに生きたことになる。民主政が身体感覚に染みとおっていた彼らの経験は、中身においてもはるかに濃厚だった。

代表制の起源

近代民主主義の基本原理は、代表制(代議制)である。しかし、選挙された特定の一人が大勢の人びとの利益を「代表する」という考え方自体、そもそも古代のデモクラティアには存在しなかった(第4章2参照)。

ことばの成り立ちから考えてみよう。代表を意味する英語リプリゼンテイションは、ラテン語レプラエセンタレに由来する。それは本来、「あるものを別のあるものによっておき替えること」を意味するにすぎなかった。それが政治的な文脈のなかで、ある人物が別のある人物もしくは集団になり代わり、その代理人として行動すること、すなわち「代表する」という概念を指ししめすようになるのは、名著『代表の概念』で政治学者ハンナ・ピトキンが明らかにしたとおり、ようやく近代初期になってからのことである。それは、身分制議会(イギリス議会やフランスの三部会)の発展とともに、近世から近代のヨーロッパにはじめて出現した考え方であった。

多数者の利益を「代表する」と称する人物が現れれば、その人に権威や権力が集中することは避けられない。古代アテナイ人がもし今日の議会政治を目にしたならば、それを民主政ではなく、極端な寡頭政と見なすであろう。彼らにとって統治の主体とは代議士ではなく、市民自身だったからである。

分かちあう政治

近代民主主義の基本が「代表する」ことにあるならば、古代民主政の基本とは何か。それは「あずかる」、あるいは「分かちあう」ことであると私は思う。

ギリシア人は政治に参加することを、国政に「あずかる(メテケイン)」と表現した。この語は「分かちあう」とも訳すことができ、大きな全体の一部、たとえば獲物の分け前などに、みんながあずかるときに使われる。市民にとって政治参加とは、ポリスの公共性という大きな全体に、一人一人が平等にあずかることを意味した。

参政権・市民権というものは、いわば大きな全体と考えられていて、めいめいの市民がその分け前にあずかる、というふうに理解されていた。参政権を個人の権利と考える近代的発想と、その点で根本的にちがう。

兵役や財政の負担も、(個々の市民の能力に応じて)公平に「分かちあう」ものであった。祭祀もまた、市民たちが分かちあう大事な営みであった。アゴラの掲示板で公共のできごとを告知し、碑文や公文書館で過去の記録を公開したのも、市民が情報をひろく分かちあうためであった。

生活を「分かちあう」ことは、包摂と統合にもつながった。「嫌いな人びとと共生する技術」でもあった民主政は、おのれを倒した三〇人政権の一派とさえ和解する道を必死で探った。目標としたのは分断や排除ではなく、統合と共存であった。「分かちあう」は、古代民主政を理解するためのキーワードである。

ギリシア人と私たち

二一世紀に入ると、いわゆるポストコロニアリズムの影響下、民主主義を最初に発明したのは古代ギリシア人ではない、という論調が、以前にもまして目につくようになった。住民が集会での熟議によって意思を決定するという政治スタイルは、古代のエジプトやメソポタミア、インド、中国など世界各地に古くから見られるもので、民主主義を古代ギリシアだけの遺産と考えるのは、西欧中心主義的な偏見であるという主張である。

言われてみれば、日本中世にも惣村の自治組織というものがあって、村の集会で熟議がはかられていたことはよく知られている。また民俗学者の宮本常一が指摘したように、西日本の村落共同体には、成員の平等を原則とした「寄り合い」という集会の伝統があり、戦後の農地改革の問題などを何日もかけて話しあいながら解決したという(『忘れられた日本人』)。

しかし、ではこれらの集会を民主政と呼べるかというと、それはまた別の問題である。民主政とは、たんなる集団的意思決定のことだけではないからである。

デモクラティアという語が「民衆の権力」を意味することから明らかなように、古代ギリシアでは民会が意思決定をするのみならず、その決定を実行するために、市民たちみずからが権力を行使した。市民団自身が権力者であり、少なくとも理念上は、王や領主やGHQのような上位の権力があってはならなかった。これはやはり他の古代文明にない、古代ギリシアに固有の特徴である。

第5章3で見たとおり、何よりギリシア人は、民主政が君主政や貴族政とはことなる独自の政体であることをよく自覚し、それがなぜほかよりもすぐれているのか、どこがちがうのかというテーマをめぐり、さかんに知的な議論をかわした。彼らが民主政というものを意識化、制度化し、それについて(たとえ批判的にでも)豊かなテクストを古典として後世に遺した世界史的な意義は大きい。

民主主義について考えたり話したりするとき、結局のところ私たちは、今なおデモクラティアを語源とすることばにたよるほかはない。「デモクラシー」にしても、その訳語である「民主主義」にしてもそうである。それは、私たちがギリシア人の経験に負っているものの重みを、雄弁に物語っている。

民主政の生命

プラトンは、国家を船にたとえた。そして統治の専門技術を知らぬ素人の民衆に国のかじ取りを委ねる民主政が、いかに危険で不合理かを説いた。統治は専門家のエリートにまかせればよい、と彼は信じた。

選挙の投票率は低迷し、政治には一般国民の手が届かぬものという諦めが漂う一方で、ポピュリズムや強権政治が幅をきかせるようになった現代の世界に、プラトンと同じ信念をいだく人びとがいたとしても、おかしくはない。「反民主主義の伝統」は、けっして過去のものではない。

しかしここで私は、ふたたび碩学フィンリーのことばを借りたい。彼はプラトンのエリート主義に対し、アテナイの民衆を代弁してこう反論する。むろん専門家は必要だ。船を雇うときには、私も船長に操船をまかせるだろう。だが、行き先を決めるのは私だ。船長ではない。

私たちの将来を決めるのは、私たちであって、政治家ではない。マッカーシズムの「赤狩り」で祖国アメリカを追われた過去のあるフィンリーは、「ファシズムとの戦い」に勝利したはずの現代民主政治が、実は政党や官僚のような専門家集団に牛耳られる偽物だと訴えたかったのだ。彼のことばが心を打つのは、民主政の生命を、まっすぐに言い当てているからである。個人であれ集団であれ、自分の生き方を自分の意思で決めるということには、かけがえのない価値がある。そのことに、はやくから気づいたのがギリシア人であった。彼らがエレウテリア（自由）と名づけたその価値は、今も色あせることがない。

あとがき

古代ギリシアの民主政を、政治のしくみとしてだけではなく、そこに生きた人びとの生業・社会・文化・宗教が織りなす一つの全体として描きたい。そのような願いに衝き動かされて書いたのが本書である。

父祖から受けつがれ、市民たちの血肉に染み込んだ生活様式である以上、民主政とは彼らにとって「かけがえのない何か」を宿したものであったにちがいない。「順ぐりに支配し、支配される」という体制は、ことばで表せば簡単だが、それが実際に機能し、一八〇年以上も続いたという歴史的現実を、私たちが理解するのは容易ではない。しかし、その「何か」を幾分なりとも解明できれば、古代民主政の理解に少しでも近づくことができるかもしれない。本書でしばしばギリシア人の宗教観に触れたのも、そのかけがえのないものにかかわると考えたからである。

古代民主政を理解することは、それが西欧近代においてどのように解釈され、評価されてきたかという問題と深くからみあっており、切り離すことができない。「おわりに」で近代以後における民主政の受容というテーマを取りあげたのは、たんなる後日譚としてではなく、それが古代民主政に対する私たちの理解を束縛してきた経緯を解き明かしたかったからである。その上でなお、二五〇〇年前のギリシア人の経験が、私たちの生きる現代の何かを照らし出すことができれば、著者として望外の喜びである。

本書の大部分は、この数年来、東京大学文学部の講義で話してきた内容にもとづいている。古代ギリシア史をめぐる内外の研究は、この二〇年ほどでいちじるしく変貌した。それにつれて私自身の興味関心も変化し、考え方も変わった。本書でも、論点によっては思い切ってかつての考えを捨て、新しい見方を提示したところがある。そうすることによって、以前より広い視野が切り拓けると思うからである。

本書が世に出る運びとなったのは、多くの方々のご助力によるものである。これまでご指導を賜った恩師・先輩・同僚・友人諸賢のご厚意に、衷心より感謝を捧げたい。日本学術振興会特別研究員(PD)で神戸大学非常勤講師の竹内一博さんには、二〇一九年の夏、アテネ郊外のハライ=アイクソニデス区遺跡とボイオティア地方のテバイ(シヴァ)の見学に連れて行っていただき、多くの貴重なご教示を頂戴した。とくに記して謝意を表する次第である。また東京大学大学院のギリシア碑文演習に参加してくれた院生諸君、また同大学文学部の講義を受講してくれた学生諸君からも、さまざまに有益なご意見をいただいた。もとより本書に過誤があるとすれば、その責めはすべて私一人が負うべきものである。

そして、いつでも私を支えてくれた家族、とくに今回校正作業を手伝ってくれた妻に、心からの感謝を伝えたい。

はじめに岩波書店の早坂ノゾミさんから新書執筆のお誘いをいただいたのは、かれこれ一五年以上も前になるであろうか。その後、他の仕事に忙殺され、しばらく本書の構想から遠ざかっていたが、同書店の島村典行さんから強く励まされたことを機に、ようやく準備と執筆に本腰を入れるようになった。そして実際の編集に際しては、新書編集部の吉田裕さんにひとかたならぬお世話になった。最後になったが、本書を上梓に導いて下さったお三方にあつく御礼申し上げたい。

二〇二二年八月

橋場　弦

岩波新書新赤版一〇〇〇点に際して

ひとつの時代が終わったと言われて久しい。だが、その先にいかなる時代を展望するのか、私たちはその輪郭すら描きえていない。二〇世紀から持ち越した課題の多くは、未だ解決の緒を見つけることのできないままであり、二一世紀が新たに招きよせた問題も少なくない。グローバル資本主義の浸透、憎悪の連鎖、暴力の応酬——世界は混沌として深い不安の只中にある。

現代社会においては変化が常態となり、速さと新しさに絶対的な価値が与えられた。消費社会の深化と情報技術の革命は、種々の境界を無くし、人々の生活やコミュニケーションの様式を根底から変容させてきた。ライフスタイルは多様化し、一面では個人の生き方をそれぞれが選びとる時代が始まっている。同時に、新たな格差が生まれ、様々な次元での亀裂や分断が深まっている。社会や歴史に対する意識が揺らぎ、普遍的な理念に対する根本的な懐疑や、現実を変えることへの無力感がひそかに根を張りつつある。そして生きることに誰もが困難を覚える時代が到来している。

しかし、日常生活のそれぞれの場で、自由と民主主義を獲得し実践することを通じて、私たち自身がそうした閉塞を乗り超え、希望の時代の幕開けを告げてゆくことは不可能ではあるまい。そのために、いま求められていること——それは、個と個の間で開かれた対話を積み重ねながら、人間らしく生きることの条件について一人ひとりが粘り強く思考することではないか。その営みの糧となるものが、教養に外ならないと私たちは考える。歴史とは何か、よく生きるとはいかなることか、世界そして人間はどこへ向かうべきなのか——こうした根源的な問いとの格闘が、文化と知の厚みを作り出し、個人と社会を支える基盤としての教養となった。まさにそのような教養への道案内こそ、岩波新書が創刊以来、追求してきたことである。

岩波新書は、日中戦争下の一九三八年一一月に赤版として創刊された。創刊の辞は、道義の精神に則らない日本の行動を憂慮し、批判的精神と良心的行動の欠如を戒めつつ、現代人の現代的教養を刊行の目的とする、と謳っている。以後、青版、黄版、新赤版と装いを改めながら、合計二五〇〇点余りを世に問うてきた。そして、いままた新赤版が一〇〇〇点を迎えたのを機に、人間の理性と良心への信頼を再確認し、それに裏打ちされた文化を培っていく決意を込めて、新しい装丁のもとに再出発したいと思う。一冊一冊から吹き出す新風が一人でも多くの読者の許に届くこと、そして希望ある時代への想像力を豊かにかき立てることを切に願う。

（二〇〇六年四月）

橋場 弦

1961年札幌生まれ．1990年東京大学大学院人文科学研究科博士課程修了．博士(文学)．古代ギリシア史専攻．
東京大学大学院人文社会系研究科教授．
著訳書に，
『アテナイ公職者弾劾制度の研究』(東京大学出版会，1993年)，『西洋古代史研究入門』(共著，東京大学出版会，1997年)，ポール・カートリッジ『古代ギリシア人――自己と他者の肖像』(翻訳，白水社，2001年)，『賄賂とアテナイ民主政――美徳から犯罪へ』(山川出版社，2008年)，アリストテレス『アテナイ人の国制・著作断片集1』(アリストテレス全集19，共訳，岩波書店，2014年)，『民主主義の源流――古代アテネの実験』(講談社学術文庫，2016年)ほか．

古代ギリシアの民主政　岩波新書(新赤版)1943

2022年9月21日　第1刷発行

著　者　橋《はし》場《ば》　弦《ゆづる》

発行者　坂本政謙

発行所　株式会社 岩波書店
〒101-8002 東京都千代田区一ツ橋2-5-5
案内 03-5210-4000　営業部 03-5210-4111
https://www.iwanami.co.jp/

新書編集部 03-5210-4054
https://www.iwanami.co.jp/sin/

印刷・精興社　カバー・半七印刷　製本・中永製本

ISBN 978-4-00-431943-6　Printed in Japan

主要参考文献

本文の記述に直接関係するものに限った.

古典史料邦訳

アリストテレス「政治学」(『アリストテレス全集17　政治学　家政論』)神崎繁ほか訳，岩波書店，2018年

伝アリストテレス「アテナイ人の国制」(『アリストテレス全集19　アテナイ人の国制　著作断片集Ⅰ』)橋場弦訳，岩波書店，2014年

アリストパネース「リューシストラテー」(『ギリシア喜劇全集3　アリストパネースⅢ』)丹下和彦訳，岩波書店，2009年

プラトン『パイドン──魂について』納富信留訳，光文社古典新訳文庫，2019年

ホメロス『イリアス』(上・下)松平千秋訳，岩波文庫，1992年

碑文史料

『ギリシア碑文集成』= *Inscriptiones Graecae*

『ギリシア碑文補遺』= *Supplementum epigraphicum Graecum*

メイグスとルイス編『ギリシア歴史碑文精選』= R. Meiggs, D. Lewis (eds.), *A selection of Greek historical inscriptions to the end of the fifth century B.C.*, Oxford 1969, rev. 1988.

ローズとオズボーン編『ギリシア歴史碑文選集』= P. J. Rhodes, R. Osborne (eds.), *Greek historical inscriptions 404–323 BC*, Oxford 2003.

研究文献

Anderson, G., *The Athenian experiment: building an imagined politi-*

cal community in ancient Attica, 508–490 B.C., Ann Arbor 2003.
Bodin, J., *Les six livres de la République*, texte revu par Christiane Frémont, Marie-Dominique Couzinet, Henri Rochais, Paris 1986.
Boegehold, A. L., *The lawcourts at Athens: sites, buildings, equipment, procedure, and testimonia* (the Athenian agora 28), Princeton 1995.
Brenne, S., 'Die Ostraka (487–ca. 416 v. Chr.) als Testimonien (T1)' in Siewert 2002, 36–166.
Bresson, A., *The making of the ancient Greek economy*, trans. S. Rendall, Princeton/Oxford 2016.
Camp II, J. McK., *The Athenian agora: site guide*, 5th ed., Princeton 2010.
Carlsson, S., *Hellenistic democracies: freedom, independence and political procedure in some east Greek city-states*, Stuttgart 2010.
Cartledge, P., *Ancient Greek political thought in practice*, Cambridge 2009.
Cartledge, P., *Democracy: a life*, Oxford 2016.
Dahl, R., *On democracy*, 2nd ed., New Haven/London 2015.
Finley, M. I., *Aspects of antiquity*, 2nd ed., Hammondsworth 1977.
Finley, M. I., *Democracy ancient and modern*, 2nd ed., New Brunswick/London 1985.
Grote, G., *A history of Greece*, 12 vols., London 1846–1856.
Habicht, C., *Athens from Alexander to Antony*, trans. D. L. Schneider, Cambridge, Mass. 1997.
Hamel, D., *The battle of Arginusae: victory at sea and its tragic aftermath in the final years of the Peloponnesian War*, Baltimore 2015.
Hansen, M. H., *The Athenian assembly in the age of Demosthenes*, Oxford 1987.
Hansen, M. H., *The trial of Sokrates: from the Athenian point of view*,

Copenhagen 1995.

Hansen, M. H., Nielsen, T. H. (eds.), *An inventory of archaic and classical poleis: an investigation conducted by the Copenhagen Polis Centre for the Danish National Research Foundation*, Oxford 2005.

Hedrick, C. W., 'Democracy and the Athenian epigraphical habit', *Hesperia* 68, 1999, 387–439.

Jones, A. H. M., *Athenian democracy*, Oxford 1957.

Kritzas, C., 'Literacy and society: the case of Argos', *KODAI* 13/14, 2003/4, 53–60.

Kroll, J. H., *Athenian bronze allotment plates*, Cambridge, Mass. 1972.

Lang, M. L., *Ostraka* (the Athenian agora 25), Princeton 1990.

Markle, M. M., 'Jury pay and assembly pay at Athens', in P. A. Cartledge, F. D. Harvey (eds.), *Crux: Essays in Greek history presented to G. E. M. de Ste. Croix on his 75th birthday*, Exeter/London 1985, 265–297.

Missiou, A., *Literacy and democracy in fifth-century Athens*, Cambridge 2011.

Morrison, J. S., Coates, J. F., Rankov, N. B., *The Athenian trireme: the history and reconstruction of an ancient Greek warship*, 2nd ed., Cambridge 2000.

Münkler, H., Llanque, M., s.v. Democracy, *Brill's New Pauly, Classical Tradition*, vol. 2, 2007, coll. 1–18.

Ober, J., *The Athenian revolution*, Princeton 1996.

O'Neil, J. L., *The origins and development of ancient Greek democracy*, Lanham/London 1995.

Osborne, R., *Demos: the discovery of classical Attika*, Cambridge 1985.

Papagrigorakis, M. et al., 'DNA examination of ancient dental pulp

incriminates typhoid fever as a probable cause of the Plague of Athens', *International Journal of Infectious Diseases* 10, 2006, 206–214.

Raubitschek, A. E., 'Demokratia', *Hesperia* 31, 1962, 238–243.

Rhodes, P. J., *The Athenian boule*, Oxford 1972, rev. 1985.

Rhodes, P. J., *A commentary on the Aristotelian Athenaion Politeia*, Oxford 1981, rev. 1993.

Rhodes, P. J., *Ancient democracy and modern ideology*, London 2003.

Rhodes, P. J. with D. M. Lewis, *The decrees of the Greek states*, Oxford 1997.

Roberts, J. T., *Athens on trial: the antidemocratic tradition in Western thought*, Princeton 1994.

Robinson, E. W., *The first democracies: early popular government outside Athens*, Stuttgart 1997.

Robinson, E. W., *Democracy beyond Athens: popular government in the Greek classical age*, Cambridge 2011.

Schmeil, Y., 'Democracy before democracy?', *International Political Science Review* 21, 2000, 99–120.

Sickinger, J. P., *Public records and archives in classical Athens*, Chapel Hill 1999.

Siewert, P. (ed.), *Ostrakismos-Testimonien I: die Zeugnisse antiker Autoren, der Inschriften und Ostraka über das athenische Scherbengericht aus vorhellenistischer Zeit (487–322 v. Chr.)*, Stuttgart 2002.

Traill, J. S., *The political organization of Attica: a study of the demes, trittyes, and phylai, and their representation in the Athenian council*, Hesperia suppl. 14, Princeton 1975.

Whitehead, D., *The demes of Attica, 508/7–ca. 250 B.C.: a political and social study*, Princeton 1986.

岩田拓郎「アテナイとスパルタの国制」『岩波講座世界歴史 1 古代 1』岩波書店，1969 年，513-551 頁
岸本廣大『古代ギリシアの連邦 —— ポリスを超えた共同体』京都大学学術出版会，2021 年
栗原麻子『互酬性と古代民主制 —— アテナイ民衆法廷における「友愛」と「敵意」』京都大学学術出版会，2020 年
桜井万里子『ソクラテスの隣人たち —— アテナイにおける市民と非市民』山川出版社，1997 年
澤田典子『アレクサンドロス大王』ちくまプリマー新書，2020 年
竹内一博「アッティカのデーモスにおけるディオニュソス神官職」『西洋古典学研究』66，2018 年，14-22 頁
中勘助『中勘助詩集』谷川俊太郎編，岩波文庫，2003 年
中井義明『古代ギリシア史における帝国と都市 —— ペルシア・アテナイ・スパルタ』ミネルヴァ書房，2005 年
納富信留『ギリシア哲学史』筑摩書房，2021 年
橋場弦『アテナイ公職者弾劾制度の研究』東京大学出版会，1993 年
同『民主主義の源流 —— 古代アテネの実験』講談社学術文庫，2016 年
前野弘志『アッティカの碑文文化 —— 政治・宗教・国家』広島大学出版会，2007 年
三嶋輝夫『ソクラテスと若者たち —— 彼らは堕落させられたか？』春秋社，2021 年
水上滝太郎『貝殻追放抄』岩波文庫，1985 年
宮本常一『忘れられた日本人』岩波文庫，1984 年
師尾晶子「碑文を見る人・碑文を読む人 —— 古代ギリシアの公的碑文の開放性と閉鎖性」『アジア遊学　91 号 —— 碑石は語る』

2006 年，158-167 頁
矢野龍渓『経国美談』(上・下)岩波文庫，1969 年

フリードリッヒ・エンゲルス『家族・私有財産・国家の起源 ── ルイス・H・モーガンの研究に関連して』戸原四郎訳，岩波文庫，1965 年
ハンナ・ピトキン『代表の概念』早川誠訳，名古屋大学出版会，2017 年
M・I・フィンリー『民主主義 ── 古代と現代』柴田平三郎訳，講談社学術文庫，2007 年
G・W・F・ヘーゲル『哲学史講義Ⅱ』長谷川宏訳，河出文庫，2016 年
カール・マルクス『ルイ・ボナパルトのブリュメール 18 日』丘沢静也訳，講談社学術文庫，2020 年
J・S・ミル『自由論』関口正司訳，岩波文庫，2020 年
L・H・モルガン『古代社会』(上・下)青山道夫訳，岩波文庫，1958-61 年

関連年表

前 650 ごろ	ドレロスの碑文。現存最古のギリシア語による国制法碑文
594/3	ソロンの改革
561	ペイシストラトス、僭主となる
510	僭主政打倒。ヒッピアス追放
508/7	クレイステネスの改革。アテナイ民主政の基礎が築かれる
506	アテナイ、スパルタなどの侵入を撃退
490	マラトンの戦い
480	サラミスの海戦
479	プラタイアの戦い
478	デロス同盟結成
462	エピアルテスの改革。アテナイ民主政の完成
454	デロス同盟金庫、アテナイに移される
431	ペロポネソス戦争勃発(〜前 404)。冬、ペリクレスの葬送演説
430	アテナイに疫病流行
413	シチリア遠征軍壊滅
411	アテナイに 400 人政権樹立
406	アルギヌサイの海戦。将軍の裁判と処刑
404	アテナイ降伏。30 人政権樹立
403	アテナイ民主政回復
399	ソクラテス裁判
386	大王の和約(アンタルキダス条約)
378	第 2 回アテナイ海上同盟

371	レウクトラの戦い。スパルタ、覇権を失う
355	アテナイ、同盟市戦争に敗北
338	カイロネイアの戦い
337	コリントス同盟
334	アレクサンドロス大王、東方遠征開始
322	アテナイ民主政、マケドニア占領軍により廃止される
318	アテナイ民主政回復
317	パレロン区のデメトリオス、アテナイの執政官となる(〜前307)
148	マケドニア、ローマの属州となる
86	スラ、アテナイを略奪

図版出典一覧

「主要参考文献」所載の文献は，著者名と出版年で表す．

はじめに

扉：Wikimedia Commons

第１章

扉：Wikimedia Commons

1–1：*Annual of the British School at Athens* 53/4, 1958/9, p. 15, fig. 3.

1–2：P. Sabin et al.（eds.）, *The Cambridge history of Greek and Roman warfare I: Greece, the Hellenistic world and the rise of Rome*, Cambridge 2007, p. 114, fig. 5. 2（a）.

1–3：M. Gagarin, *Writing Greek law*, Cambridge 2008, p. 46.

1–4：著者撮影

1–5：著者作成

1–6：著者作成

1–7：Morrison, Coates, Rankov 2000, p. 270, fig. 80.

1–8：Wikimedia Commons

1–9：著者撮影

第２章

扉：著者撮影

2–1：著者撮影

2–2：著者撮影

2–3：Camp II 2010, p. 62, fig. 31.

2–4：Camp II 2010, p. 49, fig. 21.

2-5：著者撮影

2-6：著者撮影

2-7：Boegehold 1995, p. 33, ill. 3.

2-8：Boegehold 1995, fig. 8.

2-9：J. M. Camp, *The Athenian Agora: excavations in the heart of classical Athens,* 2nd ed., London 1992, p. 111, fig. 85.

2-10

投票具：S. C. Todd, *The shape of Athenian law*, Oxford 1993, p. 133, fig. 8. 2.

投票具のもち方：著者作成

2-11：ともに著者撮影

2-12：Lang 1990, fig. 34.

2-13：Siewert 2002, Abbildung 1, 3.

第３章

扉：Wikimedia Commons

3-1：著者作成

3-2：E. Baziotopoulou-Valavani, 'A mass burial from the cemetery of Kerameikos', in M. Stamatopoulou, M. Yeroulanou (eds.), *Excavating classical culture: recent archaeological discoveries in Greece,* Oxford 2002, pp. 187-201, fig. 3.

3-3：Wikimedia Commons

3-4：Morrison, Coates, Rankov 2000, p. 229, fig. 71.

3-5：著者撮影

第４章

扉：Camp II 2010, p. 67, fig. 36.

4-1：著者撮影

4-2：著者撮影

4-3：著者撮影

4-4：Wikimedia Commons

4-5：著者撮影

4-6：Camp II 2010, p. 60, fig. 29, p. 62, fig. 32.

第５章

扉：著者撮影

5-1：著者撮影

5-2：矢野龍渓, 1969 年, 口絵

5-3：Kroll 1972, p. 320, fig. 149, p. 348, fig. 309.

5-4：著者撮影

第６章

扉：著者撮影

6-1：Boegehold 1995, fig. 10.

6-2：*Hesperia* 31, 1962, pl. 86b.

おわりに

扉：Wikimedia Commons

1：Wikimedia Commons